COLLECTION VAN BRANTEGHEM

VASES PEINTS

ET

TERRES CUITES ANTIQUES

Dont la vente aux enchères aura lieu à Paris

HOTEL DROUOT, SALLE N° 3

AU PREMIER ÉTAGE

Les Jeudi 16, Vendredi 17 et Samedi 18 Juin 1892

A DEUX HEURES PRÉCISES

PAR LE MINISTÈRE DE

Mᴱ DELESTRE

COMMISSAIRE-PRISEUR

27, rue Drouot, 27

PARIS

ASSISTÉ DE

MM. ROLLIN & FEUARDENT

EXPERTS

4, rue Louvois, 4

et 19, Bloomsbury Street, 19

Chez lesquels se distribue le Catalogue

EXPOSITIONS

PARTICULIÈRE : *Le Mardi 14 Juin 1892, de 2 h. à 6 h.*

PUBLIQUE : *Le Mercredi 15 Juin 1892, de 2 h. à 6 h.*

PARIS, 1892

CONDITIONS DE LA VENTE

Elle sera faite au comptant.

Les Acquéreurs payeront CINQ POUR CENT en sus des adjudications, applicables aux frais de la vente.

L'Exposition mettant le public à même de se rendre compte de l'état des objets, il ne sera admis aucune réclamation une fois l'adjudication prononcée.

Paris. — Imp. de l'Art. E. MÉNARD et Cie, 41, rue de la Victoire.

A la vente Castellani, en mars 1884, je fis connaissance avec M. van Branteghem, qui était venu de Constantinople à Rome. On voyait alors peu d'antiquités chez lui ; je me rappelle une tête de marbre qu'il attribuait avec conviction à Lysippe. Mais la passion de l'art grec le possédait déjà tout entier, attisée et nourrie par le commerce journalier avec les grands collectionneurs qui passent l'hiver sur les bords du Tibre. En même temps qu'il explorait les sous-sols des marchands, il abordait les questions d'art par leurs sources écrites et commençait à se former une bibliothèque archéologique qui, à l'heure présente, est peut-être sans rivale. Elle n'en a sûrement pas pour les reliures, car chaque volume est vêtu de maroquin plein et doré à petits fers. Nous ne sommes pas coutumiers de telles admirations.

Ce fut la vente Castellani qui inspira à M. van Branteghem le goût des terres cuites. La plus belle figurine de cette vente, la Nikè (*n*° 415), lui fut adjugée pour une forte somme et, peu après, il acheta le groupe du Satyre et de la Nymphe (*n*° 325), un des fleurons de Tanagra.

De retour à Constantinople, M. van Branteghem ne songea d'abord qu'à augmenter ses terres cuites. Le Taureau conduit par Dionysos (*n*° 391) fut sa meilleure acquisition. Mais bientôt, une fouille exceptionnellement heureuse fit sortir de terre, à Apollonia de Thrace, les vases dorés, décrits dans ce catalogue sous les nos 98 et 99. On les offrit le même jour à Photiadès-Pacha et à M. van Branteghem. Photiadès-Pacha est la bienveillance même; il renonça à deux chefs-d'œuvre en faveur de son irrésistible concurrent, et celui-ci me les apporta tout de suite à Paris pour les publier.

Dès ce moment, il était décidé que la vitrine des terres cuites ne resterait pas seule, et qu'une vitrine de vases lui ferait pendant. A Londres, où M. van Branteghem s'établit en 1886, les occasions ne manquent pas pour dépenser une fortune, même utilement. Il y avait, à cette date, une Exposition de vases à Bethnal Green, une des succursales du Musée de Kensington. On y voyait la collection formée en Italie, en 1839,

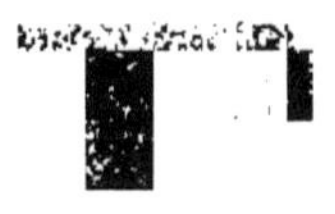

par Mme Hamilton Gray. Rien de séduisant; d'affreuses potiches de fabrication étrusque; mais dans le nombre, M. van Branteghem, qui a le goût fin et le coup d'œil rapide, remarqua une coupe grecque, couverte de poussière. Il la prit dans ses mains, la frottant délicatement avec son mouchoir de soie, et découvrit les premières lettres du nom d'Euphronios. Cette coupe, nettoyée depuis et rendue à sa pureté native, est aujourd'hui un des plus beaux ouvrages du peintre athénien (*n*° 52). M. van Branteghem eut mille démarches à faire pour s'en assurer la possession avant que la collection Hamilton Gray passât en vente publique.

Le nom d'Euphronios ne fut pas longtemps l'unique nom d'artiste figurant dans le petit salon de l'hôtel Bristol. Sous le titre : *Signatures de maîtres,* M. Klein, professeur d'archéologie à Prague, venait de publier la seconde édition de sa liste des peintres de vases. Ce volume, le meilleur qu'on ait écrit sur la matière, fut comme un rayon de soleil pour M. van Branteghem. Il l'apprit par cœur, et quand, distraitement, il disait à son valet de chambre : *Paulet, donnez-moi.....* sans achever la phrase, Paulet apportait le volume de Klein. La coupe d'Hermogènes avec les pintades (*n°* 9) fut aussitôt achetée à Oxford, de même que le lécythe polychrome à fond blanc, n° 71 ; et à la vente des antiquités d'Arsinoé de Chypre, qui eut lieu à Paris vers cette époque, trois coupes signées devinrent la propriété de M. van Branteghem : une de Kachrylion (*n°* 30), et deux d'Hermaios (*n°s* 28 et 29), dont on ne connaît pas d'autres ouvrages. Je serais trop long, si j'entrais dans le détail, me rappelant, une à une, les acquisitions diverses et les peines, souvent inutiles, de ces premières années. L'amateur des noms d'artistes écrivait des centaines de lettres, s'adressant à qui pouvait lui fournir un objet ou un renseignement. Les uns répondaient, les autres ne répondaient pas ; puis, de temps à autre, on lui cédait une belle pièce : la coupe d'Hiéron par exemple (*n°* 72), qui dormait depuis cinquante ans dans un village près d'Heidelberg, ou cette perle de l'art primitif, l'Oikophélès (*n°* 1). C'était le triomphe ! Quelques belles terres cuites de Tanagra et de Smyrne furent acquises pendant que la fièvre des vases peints était à l'état aigu. Telles la Leçon de lecture (*n°* 339), les deux Commères (*n°* 348), la Marchande de fruits (*n°* 411). A mon voyage de Londres, lors de l'Exposition du *Burlington Club*, je trouvai déjà plus de 150 morceaux de choix.

Le souvenir du *Burlington Fine Arts Club* me sera toujours cher. M. van Branteghem avait exposé toute sa collection dans cette jolie salle vitrée de Savile Row, ornée de plantes de serre, où l'on saluait et admirait pour la première fois les figurines exquises, offertes par le roi de Grèce à la princesse de Galles. Le catalogue de cette exposition est connu; M. van Branteghem l'a distribué lui-même avec une rare libéralité, et la simple description de ce qu'il possédait lui a créé, en peu de jours, des sympathies que d'autres n'obtiennent qu'après la mort. Pendant que le catalogue s'imprimait, deux pièces de premier ordre furent envoyées de Paris : les vases de Xenotimos (*n*os 84 et 85); une Jeune fille versant du vin dans un trépied (*n*o 416), cette ravissante figurine de la vente Castellani, eut hâte de rejoindre sa sœur aînée, la Niké.

Depuis 1888, M. van Branteghem habite Bruxelles; tous ceux qui s'intéressent aux choses de l'art ont sonné à sa demeure fastueuse et hospitalière. En peu de temps, ce qui n'était d'abord qu'un essai et qu'une espérance est devenu une réalité, et sa collection de vases forme aujourd'hui un ensemble qui permet de suivre, d'anneau en anneau, toute la chaîne du développement progressif de la poterie antique. Trente-six signatures de maîtres et vingt-huit noms de favoris : voilà ce que renferme la seule série des vases peints ! Je ne crois pas qu'un collectionneur en ait jamais possédé autant, ni le prince de Canino, ni le chevalier Durand. Même nos plus grands Musées, qui recherchent ces raretés et ces beautés depuis trois quarts de siècle, n'en ont guère davantage. Dans le nombre, on voit des vases de Smikros (*n*° 47) et de Pistoxenos (*n*° 64) ; puis cet incomparable trésor de coupes polychromes (*n*os 159-167), qui vient d'être trouvé dans une des rues d'Athènes. Ces coupes polychromes à fond blanc, de la main de Sotadès, sont vraiment hors de pair. Elles n'ont pas l'épaisseur d'une feuille de papier, et ce prodige de l'art du potier, prodige célébré à juste titre, dans l'*Histoire naturelle de Pline*, est encore dépassé par les qualités de la peinture, qui s'élève à un inimaginable degré de finesse et de grâce. Arrêtons-nous un instant devant cette jeune fille (*n*° 164), qui se hausse sur la pointe des pieds pour cueillir les fruits d'un pommier. Dans la sphère de l'art, c'est aussi beau que la cueillette des cerises dans Jean-Jacques Rousseau.

Mais il n'y a pas que l'art et ses disciples qui puissent tirer profit de la collection van Branteghem. Le côté scientifique n'a pas été négligé, et bien des sujets rares feront plaisir aux archéologues. Je citerai l'Initiation d'Hercule aux mystères d'Éleusis (*n*° 87), le cratère de Persée et Andromède, avec ses légendes (*n*° 91), l'Apprentissage de Glaukos (*n*° 166), le Deuil d'Achille (*n*° 226), Ulysse chez Circé (*n*° 210); et parmi les poteries à reliefs : le vase des huit dieux (*n*° 303), la coupe représentant des scènes de l'Iphigénie d'Euripide (*n*° 300). Malgré soi, on éprouve comme un chagrin, en pensant que bientôt tout cela, réuni avec tant de joie, de passion et d'intelligence, s'en ira on ne sait où.

J'ai écrit ce catalogue à Bruxelles, en dix jours, et je dois une explication au lecteur. Une édition in-folio en a été publiée à Bruxelles même, chez le libraire Lyon-Claesen. Il était convenu, entre le libraire et moi, que les épreuves me seraient envoyées à Paris, mais M. Lyon-Claesen, peu soucieux de ses engagements, a imprimé mon travail sans ma participation.

Malheureusement, son édition est criblée de fautes, et de si révoltantes, qu'on chercherait vainement, parmi tous les livres imprimés depuis le XVe siècle, un volume qui puisse se comparer à cet audacieux bousillage. L'étonnement commence à la première page, avec le *vase Français* (au lieu de *vase François*), et finit à la dernière, avec des cheveux *courbés* (au lieu de *bouclés*). On y trouve un bouquetin puissant (*paissant*), un disque tombé (*bombé*), une danseuse (*joueuse*) de crotales dansant ; les vases ont des palmettes sous la panse (*sous l'anse*) et des couronnes dans le bras (*le bas*) ; les guerriers portent des crémides (*cnémides*) et le paragonium (*parazonium*). Au lieu d'une chytra, c'est-à-dire d'un vase à vin, les femmes tiennent une *chytron,* ou même un *chiton*, ce qui veut dire une chemise. Vous riez ? moi je n'ai pas envie de rire. Depuis que le Pirée s'est fait homme, on n'a commis pareilles énormités. Et pensez-vous que l'orthographe soit meilleure ? Voici des *pandeloques,* des *andromides*, des *éméraudes.* Voici *Borrée,* le vent du Nord ! Je ne parle ni de Thitis (*Thétis*), ni de Ptolémé (*Ptolémée*), ni du rhython avec th, ou d'Appollonia avec deux p. Il y a des légendes en *rouges*, des guirlandes peintes en *blancs* et des sourcils peints en *noirs ;* il y a aussi des inscriptions gravées au *burrin*. *Idole* est du masculin, comme dans les tragédies de Corneille. J'ai trouvé des phrases entières complètement estropiées. Quant au grec, ce n'est plus une langue humaine.

Nous avons cru sauvegarder tous les intérêts en faisant réimprimer le catalogue à Paris, en petit format. Je ne suis donc responsable que de cette petite édition.

FRŒHNER.

NOMS D'ARTISTES

NOMS DE FAVORIS

I

VASES PEINTS

I

VASES PEINTS DE L'ATTIQUE

I. — Vases à figures noires.

1 — Coupe d'Oikopheles. — Autour d'un masque de Méduse d'ancien style, à la langue pendante et aux dents de sanglier, se développe une frise composée de quatre sujets : 1. Sphinx femelle assis, les ailes redressées, la tête tournée en arrière. De chaque côté de sa tête, une couronne de fleurs. 2. Satyre parlant à une Nymphe; au dessus, deux carrés peints en noir. 3. Hercule combattant un Centaure. Le héros est revêtu de la peau de lion, armé d'un arc et d'une épée courte qu'il tient à la main droite. Le Centaure, aux cheveux hirsutes, prend la fuite; il n'a pour arme qu'un quartier de rocher. 4. Chasseur armé d'une massue, la chlamyde suspendue au bras gauche en guise de bouclier. Il poursuit un grand lièvre, devant lequel un second chasseur tend un filet et brandit un javelot. Un chien de chasse court après le lièvre, et dans l'air plane un oiseau de proie.

Sur le rebord se déroule un chapelet, dont les grains taillés à facettes portent l'inscription suivante peinte en noir sur la terre même du vase : ἐκεράμευσεν ἐμὲ Οἰκωφέλης, Οἰκωφ[έ]λης ἔμ' ἔγραφσεν. Elle nous apprend le nom de l'artiste, Oikopheles, à la fois potier et peintre. L'emploi du verbe κεραμεύειν (*façonner en terre de poterie*) est nouveau sur les vases peints.

A en juger par la forme des lettres, Oikopheles vivait au VIIe siècle avant Jésus-Christ. La forme du *rho* (D) est surtout caractéristique, puis l'*epsilon* à angles aigus, et le *koppa* qui remplace par erreur la forme plus récente du *rho* dans le mot ἔγραφσεν. Le *sigma* est emprunté à l'écriture cursive. Dans toute l'épigraphie de l'Attique, une seule inscription est plus ancienne que celle-ci, le graffite du Dipylon (Roberts, *Introduction to greek epigraphy*, n° 34). Mais la coupe d'Oikopheles est le plus ancien vase portant la signature d'un artiste attique, très antérieur au vase François, où les blancs sont déjà appliqués sur le vernis noir, tandis qu'ici les couleurs sont mises directement sur la pâte. On sait que les potiers d'Athènes au VIIe siècle ont renoncé au style géométrique pour imiter les vases de Corinthe. En voici un nouvel exemple, et qui montre, en même temps, avec quelle liberté on s'appropriait les motifs et les combinait. Le choix de ces motifs n'est pas moins intéressant ; à côté du masque de Gorgo, du Sphinx assis, du combat d'Hercule, et de la chasse, c'est-à-dire des quatre sujets les plus familiers aux potiers de Corinthe, on voit un sujet nouveau, plus spécialement athénien, le Satyre et la Nymphe. — La peinture est très sommaire. — Trouvée à Peristeri (Attique).

Terre pâle, rehauts blancs et pourprés, contours gravés. Couverte noire sur le pied de la coupe et sur les parois externes. — Haut., 55 millim. ; diam., 12 cent.

2 — Petit débris de vase, trouvé en 1885 dans les fouilles de l'Acropole d'Athènes. De la peinture, il ne subsiste qu'un fragment de cercle noir, cerné d'une bordure violette et de lignes incisées. Au-dessus de cette bordure, on lit : ... ειδες εποι ... (... ηίδης ἐποί[ησεν]). — VIe siècle.

Fond orange. — Long., 49 millim.

3 — Côté gauche d'un *pinax* oblong, du VIe siècle. — Il représente l'Exposition d'un mort. Cinq personnages drapés, dont deux imberbes, sont debout, l'un derrière l'autre, les bras droits levés. Ils chantent une complainte funèbre. Celui qui est placé au pied du lit tient un bâton, l'ὅπλον γεροντικόν. Du lit, dont les pieds sont sculptés, il ne reste que la moitié, et au second plan on voit deux femmes drapées, dont l'une lève symétriquement les bras, tandis que l'autre semble s'arracher les cheveux. — Trouvé à Athènes.

Terre pâle, rehauts rouges, détails gravés. Trois trous de scellement. — Haut., 93 millim.; larg., 214 millim.

4 — Hydrie à trois anses, du VIe siècle. — Tableau divisé en deux frises : 1) Danse érotique. 2) Deux chevaux galopant vers la droite. L'un de ces chevaux a pour cavalier un homme barbu, armé d'un *kentron* (en forme de *tau*), vêtu d'une tunique rouge, courte, collante et bordée de broderies. Il est suivi d'un aigle au vol, de deux Satyres et d'une Ménade drapée qui se livrent à la danse. Devant ce groupe, on voit trois autres personnages : Dionysos barbu, couronné de lierre, vêtu d'un manteau rouge aux bords brodés et tenant à la main droite levée un rhyton; puis un Satyre et une femme drapée dans un justaucorps. Sous les chevaux, un quatrième Satyre se jette à terre devant Dionysos, comme pour l'adorer.

Une frise de godrons règne au-dessus du tableau,

dont les bords latéraux sont ornés de rameaux de lierre aux feuilles alternativement noires et rouges ; sous le tableau, deux cercles font le tour de l'hydrie ; un calice de feuilles lancéolées en enveloppe la base. Enfin, trois têtes de clou font saillie sur le rebord de l'orifice, devant l'anse supérieure ; le potier avait pris pour modèle un vase de bronze.

Trouvée en Étrurie.

Noir et blanc sur fond orange, rehauts pourprés, détails gravés. — Haut., 30 cent.

5 — Grande amphore panathénaïque, à tableaux. — Sur le devant, entre deux colonnes votives, surmontées de coqs, Athéné Promachos est debout à gauche, en posture de combat, le bras levé et brandissant une lance. La *crista* de son casque est ornée d'un col de cygne; un masque de Phobos figure comme épisème sur son bouclier rond. La déesse est vêtue d'un double peplos, dont la partie supérieure est quadrillée et brodée de pois et de croisettes ; l'égide est garnie de petits serpents. Inscription : τον Αθενεθεν αθλον (τῶν 'Αθήνηθεν ἄθλων, *un des prix d'Athènes*).

Au revers, une course de chevaux. Quatre jeunes cavaliers nus galopent vers la droite, armés de longues verges pour stimuler leurs montures. Le troisième se retourne et semble parler à son voisin.

Frise de godrons au-dessus des tableaux ; sur le col du vase, un rang de doubles palmettes.

Noir sur fond orange, rehauts blancs et rouges, détails gravés. — Haut., 62 cent.

6 — Grande coupe représentant une course de quatre chars. — Les chevaux courent au galop. Les conducteurs des biges sont barbus, armés de gaules et vêtus du

chiton talaire à manches courtes et à ceinture découpée. Sur chaque face, l'un des chevaux est blanc, et l'un des auriges porte un chiton blanc. Le dessin est d'une remarquable finesse ; on peut l'attribuer à Chelis.

Lignes ponctuées simulant des légendes ; rameaux de lierre près des anses. Au-dessous du sujet, un chapelet ; au-dessus de l'anneau rouge qui couronne le pied, un ornement radié ; sous le pied, une double couronne de lierre et les traces d'un graffite. — Trouvée à Athènes.

Noir sur orange, rehauts blancs et pourprés, détails gravés. A l'intérieur, un point clos. — Haut., 157 millim.; diam., 27 cent.

7 — Coupe dans le style de Glaukytes. — La frise, qui est seule antique, représente un combat de Grecs et d'Amazones. Au centre, Hercule coiffé et vêtu d'une peau de lion, armé d'une épée, d'un arc et d'un carquois, attaque une Amazone qui est tombée à genoux, et dont le casque est orné d'un chénisque. L'Amazone qui vient au secours de celle-ci porte un bouclier béotien orné d'imbrications ; une troisième, combattue par un hoplite grec, a le bouclier décoré d'un buste de lion en ronde bosse. Derrière Hercule, l'épisème d'une Amazone ressemble au fleuron sacré des vases de Corinthe ; on le retrouve sur la frise du revers. Le dessin de cette coupe est de la plus merveilleuse finesse, et même les légendes, quoique fictives, sont peintes avec un soin extrême. — VIe siècle. — Italie.

Fond orange, rehauts blancs et pourprés, palmettes multicolores. — Hauteur de la frise, 38 millim.

8 — Coupe de Xenokles. — *Intérieur :* Sphinx femelle assis, la tête tournée en arrière, les ailes redressées, une patte levée. Dans le champ, une fleur de lotus. Bordure

godronnée. *Extérieur :* 1) Combat de deux Centaures. L'un est armé de pierres, l'autre brandit un rameau. Dessous : Χσενοκλες εποιεσεν:. 2) Panthère devant une biche paissante. Même légende, sauf la ponctuation à la fin.

Chaque anse est accostée de deux jolies palmettes.

Trouvée à Caere et mentionnée dans Klein, *Vasen mit Meistersignaturen*, p. 81, nº 12.

Terre jaune, rehauts rouges et blancs, détails graffités. — Haut., 103 millim.; diam., 151 millim.

9 — Coupe d'Hermogenes. — *Face externe :* 1) Pintade; dessous, la signature : Hερμογενες εποιεσεν. 2) Même sujet et même légende. — Chaque anse accostée de deux palmettes, dont le centre est peint en rouge. Style archaïque, dessin et coloration d'une grande finesse.

Trouvée à Gela (*Terranova*) de Sicile.

Fond jaune orange, rehauts pourprés, dessin graffité. — Diam., 215 millim.

10 — Coupe d'Hermogenes. — *Sur les deux faces externes :* Hoplite montant dans un quadrige (à gauche). Le conducteur du char, tenant les rênes des chevaux et le *kentron*, est vêtu d'un long chiton et coiffé d'un casque sans cimier. L'épisème du bouclier de l'hoplite est un trépied. Hερμογενες εποιεσεν. — Style et décor du numéro précédent.

Trouvée à Capodimonte (lac de Bolsena), et décrite par Helbig, *Mittheilungen des rœm. Instituts*, 1886, p. 22.

Fond jaune orange, rehauts blancs et pourprés, détails gravés. — Haut., 131 millim.; diam., 198 millim.

11 — Coupe de Tleson, fils de Nearchos. — Sur chaque face, l'inscription : Τλεσον hο Νεαρχο εποιεσεν en lettres attiques de la fin du VIᵉ siècle. Palmettes près des anses.

A l'intérieur, un point clos noir au centre d'un disque rouge. — Italie.

Fond orange, détails incisés. — Haut., 138 millim.; diam., 22 cent.

12 — Coupe d'Archeneïdes. — Sur chaque face, la signature d'artiste : Αρχενειδες με (pour 'Αρχενηΐδης μ'ἐποίησεν ; le nom est dérivé d' 'Αρχένηος, de ναῦς, *navire*). Près des anses, palmettes à centre rouge et cerné de lignes gravées. — *Inédite.*

Trouvée en Italie.

Fond orange. A l'intérieur, un anneau peint en noir sur un disque rouge. — Haut., 11 cent.; diam., 155 millim.

13 — Fragment d'un centre de coupe, portant la légende circulaire : Χελις : εποιεσεν en lettres attiques de la fin du VIe siècle. Autour, cercles concentriques et cercles ponctués. Au revers, un anneau saillant, peint en rouge.

Publié par Benndorf, *Vasenbilder,* pl. 29, 20 (p. 52). — A. Dumont, *Peintures céramiques de la Grèce propre*, p. 8.

Ce fragment est très important, parce qu'il a été trouvé à Athènes, et que les coupes complètes signées de Chelis nous sont venues d'Italie.

Fond orange. — Diam., 38 millim.

14 — Coupe. *Face externe :* 1) Lion à gauche. 2) Homme drapé, debout derrière un lion qui court à droite. Le chiton de l'homme est ponctué de blanc. L'exécution est aussi fine que celle des vases de Xenokles et d'Hermogenes.

Trouvée à Arsinoé de Chypre.

Fond jaune, rehauts blancs et pourprés, dessin graffité. — Haut., 9 cent.; diam., 143 millim.

15 — Coupe. — *Face externe :* 1) Bélier courant à droite. 2) Bélier courant à gauche, la laine mouchetée de blanc et de rouge.

Même technique et même provenance. — Haut., 97 millim.; diam., 147 millim.

16 — Coupe. — *Face externe :* De chaque côté, un cavalier nu.

Même technique et même provenance. — Haut., 85 millim.; diam., 123 mill.

17 — Coupe. — *Face externe :* De chaque côté, une lionne allant à droite.

Même technique et même provenance. — Haut., 89 millim. ; diam., 144 millim.

18 — Coupe. — *Face externe :* 1) Colombe à tête de femme et Sphinx femelle affrontés. Dessous : Χαῖρε καὶ πίει εὖ, *réjouis-toi et bois bien !* 2) Même sujet et même légende. — Près de chaque anse, deux palmettes dont le centre est peint en rouge.

Même technique et même provenance. — Haut., 11 cent. ; diam., 155 millim.

19 — Fragment d'une coupe de même style, portant l'inscription : εποιυσεν; *(sic)*, écrite en biais.

Devant, le bras gauche d'une figurine drapée dans un manteau de pourpre.

Trouvé à l'Acropole d'Athènes.

Noir sur fond orange.— Long., 47 millim.

20 — Deux fragments de coupe dans le style d'Hermogenes. — De chaque côté, un buste de femme drapée, parée d'un collier et de boucles d'oreilles, les cheveux retenus par une ténie et retombant en chignon sur la nuque. Le

visage est dessiné au trait. Légende : χαῖρε καὶ πίε[ι εὖ]. — Trouvés en Italie.

Fond orange, rehauts pourprés, détails gravés. — Long., 8 et 5 cent.

21 — Vase athénien à deux anses, d'une forme curieuse et non encore signalée. Le couvercle, légèrement bombé et muni, à son bord, d'une échancrure demi-ovale, adhère à la panse. Le vase se remplissait par le pied, qui est perforé ; le liquide se maintenait à l'intérieur au moyen d'un système ingénieux, sans perdre une goutte, et se déversait par l'échancrure du bord.

Sujet du couvercle : Un homme nu et barbu, le manteau jeté sur les épaules, couronne d'une ténie blanche un athlète nu, barbu également, et qui porte à sa main gauche un flacon à huile. Derrière ce groupe, un joueur de double flûte, debout et le manteau sur l'épaule ; puis une procession de six athlètes nus et barbus, dont quatre sont déjà coiffés de ténies blanches ou rouges. Légendes : deux fois ho παῖς καλός (une fois πας) et hε παῖς καλέ, puis une seule fois : ναιχί. Au centre, un masque de Phobos à la langue pendante.

Noir sur fond orange, rehauts blancs et pourprés, détails finement gravés. — Diam., 168 millim.

22 — Assiette en terre pâle. — Dionysos d'ancien style, assis sur un mulet ithyphallique. Couronné de lierre, le manteau étendu sur les bras, le dieu porte une longue barbe cunéiforme et tient dans chaque main un cep de vigne qui sert de bordure au tableau. Une lanterne est suspendue au phallus du mulet. En exergue, lionne déchirant une proie.

Fond jaunâtre ; sous le mulet une frise de grecques ; détails gravés. Dans le marli, trois trous de suspension.

Au revers, cercles concentriques en relief. — Diam., 196 millim.

23 — Coupe profonde. — Au centre, un médaillon en réserve, représentant un personnage nu *(Nérée?)* qui se dirige vers la droite et porte dans ses deux bras un dauphin. Il est barbu et couronné d'une bandelette. Légendes fictives. — Athènes.

Terre pâle, rehauts rouges, détails gravés. La légende gravée sur le rebord : Δεμοφον του Θεοδοτου, est moderne, mais le monogramme graffité sous le pied est antique. — Diam., 21 cent.

24 — Même forme. — Le médaillon central, en réserve, représente un hoplite grec agenouillé, la lance en arrêt, la tête tout enfoncée dans le casque, une rondache au bras, une épée au flanc gauche, la chlamyde en écharpe, ornée de pois et de croisettes. Légende rétrograde fictive. Sur la face externe, de chaque côté, Dionysos assis sur un pliant entre deux Ménades drapées qui dansent. Le dieu tient son rhyton et un cep de vigne. A droite et à gauche, un grand œil et une palmette. — Italie.

Fond orange, rehauts blanc et pourpre, détails gravés. — Diam., 23 cent.

25 — Petit support de vase. — Sur le plat, un médaillon en réserve, protégé par un rebord saillant : Homme nu et barbu, offrant un coq à un éphèbe nu. Dans le champ, un lièvre et un renard courant. Légendes fictives. — Italie.

Fond orange, rehauts rouges, détails gravés. — Haut., 8 cent.

II. — Vases peints à figures rouges.

26 — Canthare de Nikosthenes. — Sur chaque face, une scène érotique et de nombreuses inscriptions fictives peintes en rouge. Sous la coupe, une frise de palmettes très élégantes; sur la tranche du pied, en une seule ligne et en lettres espacées, noires sur fond rouge, la signature de l'artiste : Νικοσθενες εποιεσεν. — Beau style archaïque du commencement du ve siècle.

Ce vase, trouvé à Vulci, a passé successivement par les collections Durand (*Catalogue*, n° 662), Beugnot (n° 12), Pourtalès (n° 392) et Eugène Piot (n° 213).

Hauteur totale, 238 millim. ; diam., 20 cent.

27 — Lécythe du même style. — Scènes palestriques : Près d'un cippe paré d'une ténie rouge, un éphèbe nu tenant des haltères, puis trois autres s'exerçant au saut, au jeu de disque et au maniement du javelot ; enfin, le gymnasiarque, barbu et drapé et tenant à la main droite une gaule. Légendes fictives. Sur l'épaule du vase, une frise de palmettes. — Athènes.

Haut., 196 millim.

28 — Coupe d'Hermaios. — *A l'intérieur :* Dionysos barbu, tenant un rhyton et une branche de lierre et allant à grands pas vers la droite, la tête tournée en arrière. Il est couronné de lierre et vêtu d'un chiton et d'un manteau. Sa barbe est taillée en coin, ses cheveux retombent en chignon sur le dos et en longues boucles sur les épaules. Autour, en lettres rouges : Ηερμαιος εποιεσεν.

Trouvée à Arsinoé de Chypre et citée dans Klein, *Meistersignaturen*, p. 221. — On ne connaissait jusqu'ici qu'un seul vase d'Hermaios, trouvé à Vulci, et on ignore ce qu'il est devenu.

Rehauts pourprés. — Diam., 194 millim.

29 — Coupe d'Hermaios. — *A l'intérieur :* Femme nue, penchée en avant (à droite) et soulevant de ses deux mains un bassin à quatre anses, qui repose sur un petit trépied à pattes de griffon. Elle est coiffée d'une stéphané, d'un *sakkos* brodé, terminé en pointe, et d'une couronne de feuillage. Autour, en lettres rouges : Ηερμαιος εποιεσεν. — Même style et même provenance. (Klein, *Meistersignaturen*, p. 221).

Rehauts pourprés. — Diam., 188 millim.

30 — Coupe de Kachrylion. — *A l'intérieur :* une Ménade jouant des crotales. Parée de boucles d'oreilles, vêtue d'un chiton sans manches et d'une peau de panthère, elle court vers la gauche, la tête retournée en arrière. Ses cheveux, ceints d'une bandelette rouge, retombent en boucles sur la poitrine et en paquet sur la nuque, selon la mode de l'époque archaïque (fin du VIe siècle). Autour, en lettres rouges : Χαχρυλιον εποιεσεν. Dessin très fin.

Trouvée à Arsinoé (l'ancienne Marium) de Chypre, en 1886, et mentionnée dans Klein, *Meistersignaturen*, p. 221.

Fond noir brillant, rehauts pourprés. — Diam., 19 cent.

31 — Coupe du même style, portant le nom d'Épidromos. Un jeune guerrier nu, casqué et armé de cnémides, le manteau sur les épaules, court vers la gauche et se précipite sur un hoplite barbu, qui est tombé à genoux et ne se défend que faiblement. A sa main gauche, le jeune homme tient le fourreau de son épée ; à sa droite, l'épée

elle-même qu'il enfonce dans la poitrine de l'adversaire. Celui-ci, buste et tête de face, a une longue barbe en éventail. Il porte un casque à ailerons, un chiton court, une cuirasse, des jambières et un bouclier rond, décoré d'une couronne de lierre. Sa main droite est armée d'une épée. Légende : 'Επίδρομος καλός. — Publiée dans Klein, *Lieblingsinschriften*, p. 46.

Rehauts pourprés. — Diam., 196 millim.

32 — Coupe portant le même nom. — Hermès barbu, vêtu de son manteau et chaussé de brodequins ailés, le caducée à la main, court vers la droite, la tête tournée en arrière, les épaules chargées d'un bélier. Légende : 'Επίδρομ[ος] καλός. — Dessin très fin.

Au revers, les restes d'un symposion. — Chiusi.

Cette coupe a été publiée plusieurs fois, toujours avec les restaurations modernes qui ont été enlevées depuis : *Museo Chiusino*, pl. 35. — Panofka, *Eigennamen mit Kalos*, pl. II, 2. *Heilgœtter*, pl. I, 7. — *Élite céramographique*, t. III, 87. — Klein, *Lieblingsinschriften*, p. 46, nº 6.

Rehauts pourprés. — Diam., 242 millim.

33 — Coupe portant le nom de Leagros *(style de Kachrylion)*. — A l'intérieur, une femme drapée et coiffée d'un *sakkos* court vers la droite, la tête tournée en arrière, une fleur à la main gauche levée, la droite abaissée et relevant le chiton. Inscription : Λέαγρος ε (pour εἶ) καλός.

Au revers, deux sujets. Du premier, il ne subsiste qu'un fragment; le second représente Hercule tuant le roi d'Égypte, Busiris, près de l'autel où lui-même allait être immolé. Le héros est drapé dans un chiton court et une peau de lion; debout à droite, il brandit son épée et saisit de la main gauche le roi, déjà renversé à terre.

Derrière Busiris, on voit une figure suppliante, et derrière Hercule, un Égyptien qui prend la fuite. Ce dernier a la tête rase et couronnée de fleurs; il est vêtu d'un chiton collant, pareil à celui que porte la femme peinte à l'intérieur de la coupe. Inscription : Λέαγρος. — Trouvée à Vulci. — *Inédite.*

Rehauts rouges. — Diam., 237 millim.

34 — Coupe de même style. — Thésée tuant le Minotaure. Vêtu d'un chiton court, le héros attique tient à sa main droite l'épée qu'il vient de tirer du fourreau, et sa main gauche saisit l'une des cornes du monstre. Le Minotaure a une tête de taureau plantée sur un corps humain velu. Légende : Ho παῖς καλός. — Italie.

Rehauts rouges. — Diam., 20 cent.

35 — Coupe portant le nom de Memnon. — A l'intérieur (noir sur rouge) : Hoplite courant à droite, la lance en arrêt, le buste de face et la tête tournée en arrière. Légende : καλος Μεμνον.

Au revers (rouge sur noir), un discobole nu et les restes d'un autre éphèbe entre deux grands yeux talismaniques et deux palmettes.

Ancienne collection du prince de Canino. — Klein, *Lieblingsinschriften,* p. 32, n° 4.

Rehauts rouges. — Diam., 326 millim.

36 — Coupe portant le nom de Memnon. *Médaillon central :* Un éphèbe nu et couronné de fleurs court vers la droite, la main gauche abaissée, la tête tournée en arrière. Sa main droite tient un rhyton. Légende : Μεμνομος (*sic*) καλος.

Revers : 1) Trois éphèbes, également nus et couronnés de fleurs, courent à droite, le bras gauche étendu. Le premier, Λαμπον, tourne la tête en arrière; le second s'appelle Χιον, le troisième, Α[ι]ας, porte une lyre, la *chelys*. 2) Éphèbe couché à gauche, dans l'attitude des convives, le buste nu et appuyé contre un coussin, le bras droit tendu vers un autre éphèbe nu qui arrive en courant. Sa main gauche tient un skyphos. Derrière lui, une chèvre debout sur ses pattes de derrière. Restes de légendes dans le champ. Fleurs et palmettes autour des anses.

Ancienne collection du prince de Canino. — Klein, *Lieblingsinschriften*, p. 33, n° 16.

Rehauts rouges. — Diam., 337 millim.

37 — Coupe portant le nom de Memnon. — *A l'intérieur*, une femme nue, à gauche, couronnée de feuillage et portant avec effort un bassin à quatre anses et à trois pieds. Légende : Μεμμνον *(sic)* καλος.

Revers : 1) Hercule (Ηερακλες *rétrograde*) combattant un hoplite (Χιον), en présence de deux jeunes cavaliers qui arrivent au galop, chacun avec deux chevaux. Hercule est coiffé de la peau de lion et armé d'une épée ; l'un des cavaliers est nu et couronné de fleurs, l'autre vêtu d'un chiton court. Dans le champ, deux fois καλος (une fois, rétrograde).

2) Les mêmes cavaliers, nus, appelés Γλενος et Διχις ; entre eux, Thésée nu, combattant le Minotaure, qui est déjà blessé et s'enfuit avec un geste de terreur.

Trouvée en Italie. — Klein, *Lieblingsinschriften*, p. 35, n° 24.

Rehauts rouges. — Diam., 35 cent.

38 — Coupe portant le nom d'Hipparchos. — Un Silène nu et couronné de lierre est assis à califourchon sur une outre qui porte l'inscription Ιππα[ρ]χο. Il a la barbe en éventail, les cheveux bouclés, l'hippouris ; sa tête se penche

vers l'outre, sa main gauche tient un rhyton, et sa main droite ouverte se lève à la hauteur de la tête. Dans le champ, Ἵππαρχος καλός. — Italie. — Klein, *Lieblingsinschriften*, p. 30, n° 8.

Rehauts rouges. — Diam., 183 millim.

39 — Coupe. — Éphèbe nu, couronné de feuillage et accroupi de face près d'un grand vase à vin, dont la panse est pointue par le bas. La tête du jeune homme se penche et se profile à droite, son bras gauche s'abaisse, sa main droite repose sur la jambe, et ses talons se touchent. L'inscription καλο[ς?]χα, est difficile à lire. Graffites sous le pied. — Trouvée à Terranova (*Gela*) de Sicile. — Klein, *Lieblingsinschriften*, p. 48 (Chairias, n° 6).

Rehauts rouges. — Diam., 16 cent.

40 — Coupe portant le nom de Stesagoras. — Jeune hoplite allant à grands pas vers la droite, l'épée tirée, le bras gauche protégé par un bouclier rond et bombé. Légende : Στεσαγορα καλος, et en exergue : καλ[ος]. — Trouvée en Étrurie et publiée dans les *Mélanges d'archéologie*, t. IX, 20, pl. I (Helbig).

Rehauts rouges. — Diam., 18 cent.

41 — Coupe de Skyes. — *Médaillon central* (incomplet) : Silène allant à droite, la tête tournée en arrière, un thyrse à la main droite levée, une outre à la main gauche. Signature de l'artiste : Σκυες ε[π]οεσεν, le premier *epsilon* à quatre barres.

Face externe : 1) Scène de la palestre. Trois groupes d'éphèbes s'exercent au jeu de disque, au maniement du javelot et des haltères. Traces de légendes. 2) Groupe (incomplet) de combattants. Un jeune homme armé d'une haste, le bras gauche étendu et couvert de la chlamyde, attaque un guerrier casqué et agenouillé qui brandit sa lance et porte un bouclier. — Cervetri.

Rehauts rouges. — Diam., 295 millim.

42 — Coupe dans le style de Pamphaios. — Joueuse de crotales, dansant, vêtue d'un chiton à manches courtes, la tête penchée et tournée en arrière. Légende fictive. Au revers, les restes d'un quadrige précédé par Hermès, et un groupe de six combattants nus, casqués et armés de cnémides. Un de leurs boucliers porte la légende : καλός. — Cervetri.

Rehauts rouges. — Diam., 317 millim.

43 — Coupe profonde. — Éphèbe agenouillé, tenant à la main gauche avancée un disque orné de la croix gammée. Sa main droite repose sur la hanche, et devant lui gît une pioche. Légende : Ho παῖς καλός.

Style de la coupe publiée dans la *Collection Sabouroff*, pl. 53, 3. — Atalanti en Locride.

Rehauts rouges. — Diam., 193 millim.

44 — Petite pyxis athénienne, portant le nom de Thaliarchos. Le médaillon peint sur le couvercle représente un jeune homme nu, assis sur un siège bas et forgeant un casque. Légende : Θαλίαρχος καλός en lettres attiques du ve siècle. — Très beau style. — Publiée dans Klein, *Lieblingsinschriften*, p. 48.

Haut., 4 cent.; diam., 6 cent.

45 — Autre, d'un dessin plus sommaire. — Éphèbe nu, agenouillé à droite, armé d'un carquois et tenant à sa main gauche un arc, dans l'autre une flèche. — Athènes.

Haut., 46 millim.; diam., 63 millim.

46 — Grande œnochoé athénienne, à tableau, portant le nom de Sikinos. — Satyre enfant, assis à califourchon sur

une antilope (?), dont il tient les rênes. Devant lui, une Ménade drapée, qui étend son bras droit vers l'enfant et tient au bras gauche un thyrse. Légende : Σιxῖνος καλός. Au-dessus, un rang de palmettes ; dans le bas, une frise de *grecques*. — Trouvée à Athènes et publiée dans Klein, *Lieblingsinschriften*, p. 35.

Rehauts blancs et rouges ; le revers du vase refait en plâtre. — Haut., 20 cent.

47 — Stamnos de Smikros. — A l'avers, Athéné ('Αθενάα), séparant deux combattants, Ajax (Αἴας) et Hector (Ηέκτορ, *rétrograde*). C'est la scène décrite dans le 7e chant de l'Iliade. La déesse est casquée, vêtue d'un peplos et d'un manteau ; tournée vers Ajax, elle lève le bras droit et sa main gauche tient une lance. Ajax est représenté en hoplite ; la jambe gauche portée en avant, le bouclier au bras, il brandit sa lance contre Hector, qui prend la même attitude que lui. Le bouclier d'Hector est orné d'un Pégase. Dans le champ, les légendes : Φειδιάδες καλός, 'Αντίας καλός et la signature du peintre : Σμ[ί]κρος ἔγραφσεν.

Au revers, on voit deux guerriers nus et barbus, coiffés de casques et armés de lances (*Achille* et *Memnon*), qui se disputent le corps d'un combattant tombé (*Mélanippe*). Légendes : Φειδιάδες καλός, Εὐρ[ύ]μαχ[ο]ς et quelques lettres isolées.

Autour de chaque anse, un groupe de quatre palmettes ; sur l'épaule du vase, un rang de godrons et une bordure de méandres ; sous les peintures, une frise de palmettes, et à la base un ornement radié. Les anses sont accostées de petits cylindres droits, en relief. Graffite sous le pied. Trouvé à Todi. — *Inédit*. — Klein, *Lieblingsinschriften*, p. 67.

Légendes en rouge. — Haut., 35 cent.

48 — Petite œnochoé. — Éros adolescent (d'ancien style) allant vers la droite. Il a les ailes redressées, le buste penché en avant, et tient une ténie dans les mains. Peinture d'applique blanche, avec rehauts jaunes. — Trouvée à Gela (*Terranova*) en Sicile.

Haut., 55 millim.

49 — Lécythe. — Un cavalier nu galope vers la droite, précédé d'un chien maltais. Le chien et l'éphèbe sont peints en blanc d'applique, le cheval est en couleur d'applique rouge pâle. — Attique.

Sur l'épaule, un double fleuron, noir sur terre rougeâtre. — Haut., 111 millim.

50 — Lécythe portant le nom de Telenikos. — Joueuse de cithare, et sous l'anse, deux coqs de combat. Légendes : Πεμ... καλέ, Τελένικος καλός. Sur l'épaule, une double bordure de godrons et de palmettes ; autour du col, un damier (noir et blanc), et sur la tranche du goulot : Ηο παῖς καλός. Les chairs de la femme, la lyre et les coqs sont peints en blanc d'applique; détails gravés et peints en rouge et en brun. — Athènes. — *Gazette archéologique*, 1888, p. 200 (pl. 29, 5). Klein, *Lieblingsinschriften*, p. 28.

Haut., 176 millim.

51 — Deux petits fragments d'une coupe peinte dans le style du cycle d'Épictète. Sur l'un, un buste d'Éros, volant vers la gauche et tenant une couronne de fleurs. Légende : ...σιννος. — Sur l'autre, un reste de figure et le nom propre : Ηιπόλυτ[ος].

Rehauts rouges. — Larg., 5 et 2 cent.

52 — Grande coupe d'Euphronios. — A l'intérieur, deux

hommes barbus et couronnés de fleurs ; l'un porte son manteau en écharpe sur les épaules et joue de la double flûte, tout en marchant au pas de danse ; l'autre est sans draperie, chaussé de souliers, l'aisselle gauche appuyée sur un long bâton noueux, autour duquel il pivote, le bras droit levé et la main posée sur le sommet de la tête. Le fourreau des flûtes, en peau mouchetée, est suspendu dans le champ. Légende rétrograde, peinte en rouge : Εὐφρόνιος ἐποπίεσεν (*sic*), et du côté opposé : καλὸς ho παῖς.

Le revers représente un cortège de onze Athéniens, sortant d'un banquet. Tous sont barbus et couronnés de fleurs, les uns nus, les autres vêtus de chlamydes, et six d'entre eux portent des bâtons. Les deux premiers semblent se livrer à la danse ; le troisième est complètement ivre, il peut à peine marcher, et de peur de casser sa lyre, il la remet à l'homme qui le précède et qui porte déjà un vase à boire (*kotyle*). Plus loin, on voit un chien arrêté devant un danseur, puis un homme portant un bassin. Le groupe suivant se compose d'un homme nu et ivre, qui, pour ne pas perdre l'équilibre, saisit le bras du convive qui marche devant lui et qui se possède si bien qu'il tient, sans la renverser, une coupe sur la main gauche avancée. Finalement, un chien, un joueur de double flûte, un homme qui porte une cotyle sur la main, et sur le sol une amphore à vin renversée, sur laquelle on distingue les restes du mot καλός. Légende : Πανκίτιος καλός en lettres rétrogrades, puis les mêmes mots (de gauche à droite) avec le sigma à trois barres.

Dans les fouilles de l'Acropole d'Athènes, faites en 1835, on a recueilli un fragment d'assiette peinte, antérieur à la réédification du Parthénon par Périklès et représentant le même sujet qui décore l'intérieur de cette coupe (Ross, *Arch. Aufsætze*, t. I, pl. 10. Klein, *Euphro-*

nios, p. 52). Cette découverte suffirait, à elle seule, pour fixer la date d'Euphronios; mais une base de marbre, trouvée récemment au même endroit, et qui porte l'inscription [Ε]ὐφρόνιο[ς] [κ]εραμεύς, confirme la date présumée et la fixe définitivement au règne des fils de Pisistrate et des premiers archontes, jusqu'en 480, année où le temple de l'Acropole fut détruit par les Perses (Studnizka, *Jahrbuch des Instituts*, 1887, p. 144). Il est vraisemblable que notre coupe fut un des derniers ouvrages du maître, car à côté de la forme archaïque du sigma, à trois barres, on y emploie déjà la forme plus moderne, à quatre barres, qui figure aussi sur la coupe de Berlin (Klein, *Euphronios*, p. 241). Dans tous les cas, c'est une des plus belles par le style, la finesse du dessin et le soin minutieux de l'exécution, en même temps que ses dimensions dépassent la mesure ordinaire des coupes attiques.

Trouvée près de Viterbo, en 1830, par Pietro Saveri, et acquise par Mrs Hamilton Gray. Gerhard, dans le *Bullettino dell' Inst.*, 1830, p. 233 et 243, en a donné la première notice, d'après une lettre qui venait de lui être adressée par Camilli : « In una bella coppa dipinta... havvi il nome d'un artista, cioè ΕΥΚΦΟΝΙΟΣ (*sic*) ΕΠΟΙΕΣΕΝ ». M. Klein (*Euphronios*, p. 9-11) a essayé vainement de l'identifier avec une des coupes publiées. Dans son ouvrage : *Tour to the sepulchres of Etruria in 1839* (3e édition, Londres, 1843), Mrs Hamilton Gray en parle à plusieurs reprises. A la page 52, nous lisons : « It was not without pride that we observed no tazza, even here (in the pope's collection), superior to one in our own possession found at Viterbo, either as to size, form, subject, elegance of workmanship ». Puis, à la page 56 : « Our grand Viterbo tazza, which I have already mentioned, had been mended before its interment; a circumstance which was discovered by *De Dominicis* to his infinite surprise and satisfaction, and which enhanced its value in our eyes. It has a small cylinder of iron run through the bottom of the tazza to join it with the stalk ». La présence de ce clou de fer a été constatée par M. W. Talbot Ready, qui a nettoyé la coupe avec le talent qu'on lui sait. A la même occasion, on a reconnu que la 4e lettre du nom d'Euphronios a un peu souffert du voisinage d'une cassure, ce qui explique la fausse lecture de Camilli. Jusqu'en 1887, le vase faisait partie de la collection Hamilton Gray, exposée à Bethnal Green Branch of the South-Kensington Museum.

Fond noir brillant, rehauts pourprés. — Diam., 365 millim.

53 — Coupe portant le nom de Leagros.—*Intérieur :* Éphèbe couronné d'une bandelette rouge et courant (à gauche) après un lièvre. Légende en lettres rouges : Λέαγ[ρο]ς (rétrograde) καλός, et dans le bas, écrit de gauche à droite : Ηο παῖς καλός. — Bordure de méandres.

Au revers, un cortège de jeunes gens sortant d'un banquet et se livrant à la danse. Tous sont couronnés de fleurs ; deux d'entre eux portent la chlamyde des éphèbes, deux autres tiennent des cotyles, et plusieurs cotyles sont rangées sur le sol. Légende : [Λ]έαγρ[ος] κα[λ]ός. Bordure de méandres sous le tableau.

Trouvée à Caere (Étrurie) et publiée dans Klein, *Lieblingsinschriften,* p. 40 et 41, no 13.

Rehauts pourprés. — Diam., 23 cent.

54 — Coupe portant le nom de Leagros.—Éphèbe ivre, appuyé sur un bâton et vomissant. Il est couronné de fleurs, chaussé de bottines à pointe et porte son manteau sur

l'épaule gauche. Près de lui, un chien, et devant, un fourreau de flûte. Inscription : Λέαγρος.

Au revers, six guerriers faisant le guet-apens. Ils sont agenouillés l'un derrière l'autre, casqués, la lance en arrêt, le bouclier au bras. Un seul d'entre eux est barbu, et trois ont la chlamyde nouée autour des reins ; mais ces derniers ne portent pas de cnémides. Inscription : Λέαγρος καλός (deux fois).

Trouvée en Italie. Publiée dans Klein, *Lieblingsinschriften*, p. 42-43 (nº 14).

Rehauts rouges. — Diam., 238 millim.

55 — Coupe portant le nom de Panaitios. — Femme nue, debout et de face, versant le contenu d'un balsamaire dans une petite coupe. A ses pieds, un bassin à deux anses. Une pannetière est suspendue au mur. Inscription : Παναίτιος καλός.

Trouvée en Grèce. Publiée dans Klein, *Lieblingsinschriften*, p. 57.

Diam., 19 cent.

56 — Amphore portant le nom de Glaukon. — Athéné debout à droite, une lance à la main gauche, un casque dans l'autre. Elle porte dans ses cheveux un diadème orné de feuilles d'olivier ; sa draperie se compose d'un chiton très fin, d'un manteau et de l'égide. Un bouclier (*épisème :* un trépied) gît à ses pieds. Inscription : Γλαύκον (de gauche à droite) καλός (rétrograde).

Au revers, une prêtresse drapée, à gauche, tenant une chytra et une patère. Inscription : καλός. — Anse à trois tiges.

Cette amphore, d'un très beau style, vient d'Italie. — Publiée dans Klein, *Lieblingsinschriften*, p. 80 et 81.

Légendes en rouge. — Haut., 345 millim.

57 — Lécythe portant le nom de Glaukon, fils de Leagros. — Jeune femme, tenant dans ses bras un enfant nu. Elle est drapée et coiffée d'un *sakkos ;* derrière elle, un miroir suspendu et un siège muni d'un coussin. Inscription en trois lignes : Γλαύκων καλὸς Λεάγρο.

Bordures de *grecques* et de croisettes; palmettes sur l'épaule; collerette de godrons.

Trouvé à Athènes. Publié dans Klein, *Lieblingsinschriften*, p. 81.

Les cheveux de l'enfant sont peints en jaune. — Haut., 356 millim.

58 — Balsamaire (figures rouges, décor noir). — Entre deux pilastres ornés de palmettes noires, une femme drapée, coiffée d'un cécryphale et parée de bijoux. A la main droite, elle tient une pomme, sa main gauche se ferme et se relève. — Au revers : éphèbe drapé, à gauche, appuyé sur un bâton noueux. Sur le rebord du goulot : Π[ρ]ο...ς : — Athènes.

Haut., 16 cent. — Bordures de grecques et de baguettes droites; sous le pied, un fleuron.

59 — Balsamaire (fig. rouges et décor noir). — Deux femmes drapées, séparées par deux colonnes cannelées d'ordre dorique. L'une, coiffée d'un cécryphale, tient à la main gauche une boule de fard et lève la main droite ouverte; l'autre tient une boule de fard et un miroir. — Athènes.

Haut., 155 millim. — Bordures de godrons et de grecques; à la base, une roue.

60 — Balsamaire (fig. rouges et décor noir). — Une femme drapée et coiffée d'un *sakkos* est debout, à droite, devant un autel allumé, sa main gauche tenant une patère, l'autre faisant le geste de la prière. L'autel est chargé

d'une corne de bouquetin et adossé contre une colonnette cannelée d'ordre dorique. Entre lui et la femme, une corbeille à ouvrage, remplie de laine blanche. Inscription : Ηο παῖς καλιος (*sic*). — Athènes.

Haut., 147 millim. — Bordure de godrons et de perles ; à la base, une roue.

61 — Lécythe (fig. rouges, décor noir). — Éros adolescent, nu et accroupi à droite sur un rinceau fleuri. Ailes redressées. — Athènes.

Haut., 148 millim. — Sur l'épaule, une double bordure de rais. Teinte pourprée au revers de l'anse, sur la moulure du pied et sur le plat de l'orifice.

62 — Lécythe (fig. rouges, décor noir). — Deux petits Érotes sur un dauphin, l'un à califourchon, l'autre appuyant son pied gauche sur le dos du poisson et tournant la tête en arrière vers son camarade. Il tient une lyre (*chelys*) et un plektron. Devant le groupe, une fleur. Les nageoires du dauphin sont peintes en rouge. — Dessin d'une finesse exceptionnelle. — Trouvé en Béotie.

Haut., 222 millim. — Bordures de *grecques* et de godrons. — Sur l'épaule du vase, deux couronnes radiées, peintes en noir sur fond rouge d'applique. Le même rouge sur le col et au revers de l'anse.

63 — Amphore à colonnettes (figures rouges et décor noir). — Le tableau de l'avers représente deux groupes : Un homme chauve et barbu, la chlamyde sur les épaules, une bandelette au front, est en conversation avec une femme nue, qui court vers la droite, la tête tournée en arrière. Elle est coiffée d'un *sakkos*, parée de bijoux, et tient à la main gauche une cotyle noire, dans l'autre un fourreau de flûte. Plus loin, un éphèbe nu, couronné d'une bande-

lette et chaussé de bottes montantes, poursuit une femme nue, qui, coiffée d'un cécryphale, porte une coupe à la main droite.

Au revers, la même femme, une cotyle noire à la main, court vers la gauche, poursuivie par un éphèbe nu, qui porte une outre. Devant elle, et lui barrant le chemin, un homme nu et barbu, armé d'un bâton.

Sur le plat de l'orifice : une frise d'animaux (noir sur rouge) et deux palmettes au-dessus des anses. — Style de l'époque de Phidias.

Trouvée à Agrigente. — *Catalogue Durand*, n° 661.

Haut., 41 cent. — Autour des tableaux, une bordure de godrons et deux branchettes de lierre.

64 — Grande cotyle de Pistoxenos, *inédite*. — Sur la face antérieure, une vasque montée sur une colonnette d'ordre ionique, près d'un arbre feuillu, où l'on a suspendu une éponge. A gauche, un éphèbe drapé et coiffé d'une bandelette; à droite, un homme barbu, enveloppé dans son manteau. Derrière ce groupe, un autre homme barbu, appuyé sur un bâton, la poitrine nue et le bras droit sur la hanche. Il semble parler à un éphèbe voilé, qui est debout devant lui. Au-dessus, le mot ναιχί.

Au revers, une vasque, pareille à la première, entre deux femmes, dont l'une tient un miroir. Puis encore un groupe de deux femmes qui ont l'air de se parler. Inscription : ναιχί. La seconde, coiffée d'un *sakkos*, tient une fleur rouge, dont elle semble savourer le parfum. Inscription : Ηο παῖς καλός (rétrograde).

La signature de l'artiste se lit sous l'anse de droite : Πιστόχ[σενος] ἐ[ποίε]σεν.

On sait que les vases de Pistoxenos sont de la plus grande rareté.

Rehauts rouges. — Haut., 19 cent.; diam., 26 cent.

65 — Cotyle. — Silène allant à droite vers un autel rustique. Ses bras sont tendus en avant : c'est le geste de la prière. Derrière lui, un thyrse. Καλὸς dans le champ.

Au revers, un autre Silène, debout et de face, entre un thyrse et un autel rustique. Il a la tête tournée à gauche, la main gauche sur la hanche, et tient dans l'autre une amphore à base pointue. Κα[λό]ς (rétrograde) dans le champ. — Haut., 146 millim.

66 — Pendant du numéro précédent. — D'un côté, un éphèbe nu, debout et de face, entre deux sièges en pierre, très bas et échancrés. Sa tête se tourne de côté, son bras gauche s'appuie sur un bâton, et sa main droite tient un strigile. Sous l'anse de gauche, un manteau est déposé sur un cippe palestrique ; sous l'anse de droite, un petit éphèbe, debout et de face, la main gauche sur la hanche, tient un strigile à l'autre main. Au revers, un éphèbe drapé et coiffé d'une bandelette. Derrière lui, un arbre ; devant lui, un strigile et une éponge suspendus au mur. — Haut., 146 millim.

67 — Coupe de Duris, inédite. — A l'intérieur, dans une bordure de palmettes, Éros adolescent planant dans l'air et soulevant un éphèbe nu. Derrière, un groupe de palmettes. Inscriptions : Δορις εγραφσεν : Χαιρεστ[ρατος] καλ[ος].

Sur une coupe du Musée de Berlin (*Furtwængler*, nº 2305), l'éphèbe soulevé par Éros porte une lyre. Le même sujet se retrouve sur une pierre gravée publiée dans *Cesnola*, Cyprus, pl. 39, 1.

Trouvée à Corneto.

Rehauts rouges. — Diam., 27 cent.

68 — Fragment d'une coupe de Duris. Il représente un banquet : un éphèbe et une femme nue sont couchés à

gauche sur une kliné; la femme s'accoude sur deux oreillers et tient dans sa main droite avancée une coupe. Elle est coiffée d'une ténie et retourne la tête vers l'éphèbe qui, le buste à découvert, tient une coupe à la main gauche et porte sa main droite au front. Une table de crédence, avec un cep de vigne, est placée devant la kliné; une patère et une coupe sont suspendues au mur.

A gauche, une seconde kliné; l'éphèbe qui y est couché tient à sa main gauche une patère godronnée. — Sur la face interne, la légende : [Δορ]ις εγραφ[σεν].

Ce fragment provient d'une restauration antique d'un des vases du Vatican, publié (moins le cep de vigne) dans Gerhard, *Auserlesene Vasenbilder*, t. II, pl. 145 (p. 180).

Rehauts pourprés. — Haut., 94 millim.; larg., 124 millim.

69 — Coupe portant le nom d'Hippodamas. — Dans une bordure de *grecques*, alternant avec des croisettes, Artemis, drapée, se dirige à grands pas vers la gauche, le carquois sur l'épaule, une torche allumée à la main droite portée en avant, un arc et deux flèches à la gauche abaissée. La déesse est coiffée d'une ténie et parée de boucles d'oreilles. Légende : Ιπποδάμας καλός (le delta avec un point).

Publiée dans Klein, *Lieblingsinschriften*, p. 55.

Trouvée en Grèce. — Style de Duris.

Rehauts rouges. — Diam., 203 millim.

70 — Grand lécythe portant le nom de Chairestratos. — Éphèbe nu, à droite, s'exerçant avec des haltères. L'objet suspendu devant sa tête est peut-être une éponge. Inscription : Χαι[ρ]έστρ[ατ]ος καλός. — Athènes.

Rehauts rouges. Palmettes sur l'épaule. — Haut., 30 cent.

71 — Fragment d'une grande coupe dans le style de Duris. A l'intérieur, un guerrier imberbe, nu et casqué, met sa seconde cnémide; devant lui, un siège couvert d'un coussin. Légende : Ηο παῖς et καλοις (*sic*, rétrograde). Filet simple en bordure. Au revers, les restes de trois hoplites debout.

Trouvé à l'Acropole d'Athènes.

Lettres rouges. — Larg., 15 cent.

72 — Coupe d'Hiéron. — A l'intérieur, l'enlèvement de Tithonos. Le jeune homme, couronné d'une bandelette, n'est vêtu que d'une chlamyde qui laisse à découvert tout le devant du corps. Il cherche à prendre la fuite, la tête tournée vers Éos qui vient de le rejoindre et qui le saisit par la main droite et l'épaule. Éos a les ailes redressées et prêtes au vol. Elle est drapée dans un long chiton, le manteau plié en écharpe. Ses cheveux sont frisés en petites boucles et coiffés d'un *sakkos*, ses oreilles parées de pendeloques. Au-dessus du groupe, on lit le mot καλός.

Le revers de la coupe représente (d'après M. van Branteghem) la famille de Tithonos, qui assiste au rapt et manifeste sa peur et sa surprise en regardant vers le ciel. Au moment où Éos enlève le jeune berger, on célèbre un sacrifice. Un autel est allumé sous l'une des anses du vase, et dix personnages assistent à la cérémonie religieuse. Près de l'autel, on voit courir un homme barbu, tenant un bâton à la main et levant le bras droit. Il est suivi d'un vieillard, puis d'un éphèbe couronné de feuilles, et d'un vieil esclave chauve qui porte une outre sur son épaule. Un arbre est planté entre l'esclave et le personnage suivant, barbu, diadémé, appuyé sur un long bâton et se retournant en arrière. Après la seconde anse de la coupe, on voit d'abord un hoplite, posant son pied sur un tronc d'arbre. Lui aussi lève le regard vers le ciel. Il est armé d'un casque, d'une lance, d'une épée et d'une rondache (*épisème :* protome de cheval). Derrière lui, quatre personnages courent à grands pas, le bras droit étendu : un vieillard, probablement le père de Tithonos, puis un éphèbe entre deux hommes barbus.

La signature de l'artiste est gravée sur l'une des tiges de l'anse qui surmonte l'autel : Ηιέρον ἐποίεσεν. Hiéron était un des contemporains d'Euphronios.

Cette belle coupe vient de Vulci et avait appartenu à M. Schlosser, de Heidelberg. Elle a été publiée par E. Braun, dans les *Monumenti dell' Inst.*, t. II, pl. 48 (*Annali*, 1837, p. 209-218) et dans les *Wiener Vorlegeblætter*, série A, pl. 2.

Fond noir brillant, rehauts de pourpre. — Diam., 33 cent.

73 — Assiette dans le style d'Hiéron.—Joueur de lyre, barbu, couronné de feuilles et debout à droite, appuyé sur un bâton. Sa main gauche tient une lyre (*chelys*) ; sa droite, une fleur rouge qu'il regarde. Il est vêtu d'un manteau qui laisse à découvert le bras droit et une partie des pectoraux. Derrière lui, un fourreau de flûte. Bordure de *grecques*.

Citée par M. Klein, Ἐφημερὶς ἀρχ. 1890, p. 17.

Rehauts rouges. Revers finement mouluré et peint en rouge-orange, sauf les tranches des moulures et le disque central qui, à son tour, porte à son centre un point clos dans une aire ronde, incuse. Sur le marli, deux trous de suspension. — Diam., 20 cent.

74 — Anse de coupe, portant la signature de Brygos : Βρύγος : ἐποίεσεν.

Trouvée à l'Acropole d'Athènes.

La face externe de l'anse est vernissée de noir ; le nom se lit sur la partie interne rouge (brûlée). — Larg., 8 cent.

75 — Deux fragments d'une coupe de Brygos. Du médaillon central, il ne reste que le buste et les jambes d'une femme drapée, assise à droite et tenant dans ses deux mains un objet (brisé) qu'elle regarde attentivement. — Au revers, on voit la main d'une femme tenant une quenouille, et le buste d'un éphèbe, à gauche, qui tend son bras vers elle. Légende : καλό[ς]

Rehauts rouges, les cheveux de l'éphèbe peints en jaune. — Larg., 51 et 63 millim.

76 — Coupe (de Brygos).—A l'intérieur, dans une bordure de *grecques :* un homme barbu, couché à gauche sur un lit, les jambes serrées dans un manteau, le coude gauche appuyé sur l'oreiller et la main gauche soutenant la tête. Il ouvre la bouche, se préparant à vomir, et son bras droit pend inerte. Un éphèbe nu, debout devant lui, pose sa main droite sur le front du malade et, de la gauche, lui soutient le menton. Une lyre (*chelys*) est suspendue au second plan, un bâton (en *tau*) appuyé contre le mur, et, devant le lit, on voit un cratère à légende fictive. Restes d'une inscription dans le champ.

Au revers, un *komos* bachique de neuf personnages. A l'extrémité gauche, une colonne cannelée d'ordre dorique, puis, successivement : un éphèbe appuyé sur un bâton, la chlamyde en écharpe sur les épaules; un joueur de lyre barbu, un éphèbe s'enveloppant de son manteau, un danseur barbu tourné en arrière, un bâton appuyé contre une situle, un autre danseur barbu (à gauche), un homme barbu portant un skyphos noir, un éphèbe jouant de la double flûte, un joueur de lyre, barbu et portant une corbeille sur son dos; enfin, un dernier homme barbu qui se retourne, saisissant un des lemnisques de sa bandelette et portant une coupe. — Légendes fictives.

Ces scènes présentent une analogie frappante avec la coupe de Brygos, du Musée de Würzbourg. (Urlichs, *der Vasenmaler Brygos.*)

Trouvée en Italie.

Rehauts rouges. — Diam., 29 cent.

77 — Coupe dans le style de Brygos.— Jeune fille nue, debout à droite devant un bassin (de bronze), dont l'anse est façonnée en tête de serpent et qui repose sur une base à pattes de griffon. A la main droite abaissée, elle tient une grande situle (inscription : καλέ) et sur son bras gauche elle porte ses vêtements enroulés. Sa tête, coiffée d'une bandelette, s'incline légèrement. Inscription : Ηε παῖς καλος (*sic*). Dessin très fin.

Trouvée à Chiusi.

Rehauts rouges. — Diam., 24 cent.

78 — Coupe de l'école de Brygos. — *A l'intérieur :* Éphèbe drapé, debout (à gauche) devant un autel et tenant un lièvre par les oreilles. Sa main gauche s'appuie sur la hanche, son bras droit et sa poitrine sont à découvert. — Bordure de *grecques.*

Au revers, scènes de la palestre : deux lutteurs nus, deux éphèbes armés de longs bâtons, le premier vêtu de la chlamyde; derrière le second, une pioche. Puis le même sujet avec de légères variantes. — Graffite sous le pied.

Trouvée à Orvieto.

Pas de rehauts. — Diam., 315 millim.

79 — Très grande coupe dans le style d'Oltos et Euxitheos. Le sujet de l'intérieur est à peu près perdu ; il n'en reste que le derrière de la tête d'un éphèbe (à gauche) couronnée d'une bandelette, une partie de sa rondache (*épisème :* une triquètre ?) et les lettres [ἐπο]ίεσεν,

Au revers, d'un côté, une monomachie : un jeune homme nu, la tête enfoncée dans son casque, une rondache au bras gauche, menace d'un coup de lance un adversaire tombé à genoux. Du côté opposé : un éphèbe en chlamyde, entre deux chevaux qu'il conduit par la bride. Trois palmettes autour de l'une des anses.

Trouvée à Cervetri.

Rehauts rouges. — Diam., 368 millim.

80 — Coupe portant le nom de Laches. — Éphèbe nu, allant à droite en retournant la tête. Son bras gauche s'appuie sur un bâton, sa main droite saisit un pan de la chlamyde, qu'il porte en écharpe. Inscription : Λάχες καλὸς (rétrograde) en lettres attiques du ve siècle. Bordure de *grecques* alternant avec des damiers.

Au revers (incomplet), six palestrites, dont deux tiennent des disques, tandis que deux autres s'appuient sur des hastes, et qu'un cinquième s'exerce avec des haltères. Inscription : Λάχες. De chaque côté de l'anse, un nœud.

Trouvée à Cervetri.

Rehauts rouges. — Diam., 238 millim.

81 — Coupe. — Jeune hoplite, de face, le poing droit sur la hanche, la tête parée d'une ténie et tournée à droite, la main gauche appuyée sur un grand bouclier circulaire (*épisème :* un fleuron). A gauche, un casque à cimier, déposé sur un cippe; au second plan, une lance. Inscription : καχος καχσος.

Trouvée à Sainte-Marie de Capoue et publiée dans Klein, *Lieblingsinschriften*, p. 88.

Rehauts rouges, bordure de *grecques*. — Diam., 21 cent.

82 — Coupe. *A l'intérieur :* Un éphèbe nu, la tête couronnée de feuillage, la chlamyde en écharpe. Il tient de ses deux mains un lièvre. Devant lui, un vase (?) orné de deux branchettes feuillues. Inscription : καλὸς hο παῖς.

Au revers : Exercice de six éphèbes casqués et dont quatre portent des boucliers ronds (*épisèmes :* trépied et éphèbe nu, courant à gauche, un bouclier au bras). L'un des éphèbes, paré d'une ténie, tient son casque à la main. Cippe palestrique. Inscription : Hο παῖς καλός (deux fois). — Trouvée en Italie.

Rehauts rouges. — Diam., 23 cent.

83 — Balsamaire portant le nom d'Alexomenos. — 1) Éphèbe drapé, appuyé sur un bâton et tenant à la main gauche un coffret d'où il sort un collier. Derrière lui, un balsamaire suspendu au mur. Inscription : καλέ (au-dessus du bijou) et 'Αλεξόμενος καλός en lettres attiques du ve siècle.

2) Femme drapée et diadémée, debout à gauche. De ses deux mains, abaissées symétriquement, elle défait sa ceinture et retient avec les dents un bout de son chiton. Derrière elle, un lécythe suspendu ; devant, un balsamaire suspendu et une corbeille à ouvrage. Inscription : καλὲ hε παῖς (rétrograde).

Entre les sujets, deux assemblages de palmettes. Dans le haut, une frise de palmettes et deux petits carrés saillants, simulant les anses ; puis une bordure de godrons. Sous les figures, un rang de *grecques* alternant avec des croisettes. — Trouvé à Élatée (en Béotie). — Publié dans Klein, *Lieblingsinschriften*, p. 79.

Rehauts rouges. — Haut., 183 millim.

84 — Coupe de Xenotimos. — *Intérieur :* Un homme barbu est assis (à droite) sur une chaise, dans une attitude pensive. Il est coiffé du pétase, vêtu d'une chlamyde courte et chaussé de brodequins. Son bras gauche s'appuie sur deux lances, sa main droite repose sur le genou. Une légende, peinte en lettres blanches, nous apprend que c'est *Peirithoos* (Περίθοος), l'ami de Thésée.

Extérieur : 1) Au milieu de la composition, on voit un autel orné de volutes ; sur l'autel, un grand œuf et un aigle. A gauche, un vieillard, couronné de laurier et appuyé sur un sceptre, se tient debout et regarde gravement l'oiseau qui va fendre la coque de l'œuf. Ce vieillard est le mari de Léda, *Tyndareos*, que l'inscription, peinte au-dessus de l'autel, appelle Τευδάρεως. Derrière lui, sa fille *Klytæmestra* (Κλυταιμέστρα) fait un geste de surprise. Du côté opposé, *Leda* (Λέδα) prend la fuite en ouvrant les deux bras, la tête tournée vers l'autel et vers le miracle qui s'y accomplit.

Nous connaissions déjà cinq vases peints qui représentent, avec plus ou moins de variantes, le même sujet, mais l'absence de toute légende explicative avait rendu leur interprétation difficile. Stephani (*Compte rendu*, 1861, p. 134-144) avait pensé le premier au mythe de Léda, et sa conjecture reçoit, par le vase de Xenotimos, une brillante confirmation. 2) Une autre fille de Tyndareos, Phylonoé (Φυλονόε), le pied posé sur une pierre, tend sa main droite vers une jeune fille, appelée Kleotra (Κλεότρα), qui semble lui parler. Derrière ce groupe, une troisième femme est tournée vers la scène principale, l'œuf de

Léda. Il est donc certain que les six figurines, dessinées au revers de la coupe, forment un seul sujet. Près de la palmette qui précède l'anse, l'artiste a mis sa signature : Ξενότιμος ἐποίεσεν, sur deux lignes écrites στοιχηδόν, c'est-à-dire que chaque lettre de la seconde ligne est placée exactement sous une des lettres de la première ligne. Xenotimos, dont le nom apparaît ici pour la première fois, a dû vivre à la fin du v° siècle, après la guerre du Péloponèse. Son style est le beau style de cette époque ; l'alphabet attique qu'il emploie a encore quelques voyelles archaïques (E pour ει et η, O pour ου) ; mais il possède déjà l'Ω, et les consonnes λ, ξ, σ ont leur forme nouvelle. Sur le vase suivant, il emploie le ψ archaïque, et l'H, qui lui sert encore d'esprit rude, a déjà la valeur de l'η dans le mot Εὐλιμένη, tandis que dans d'autres mots, l'η continue d'être représenté par un E. Ces faits établissent définitivement la date du peintre et le placent dan la période de transition entre l'alphabet ancien et l'alphabet nouveau. Dans le nom propre Κλεότρα, on remarquera la diphthongue ionienne εο pour ευ; pourquoi supposer une faute et suppléer Κλεο[πά]τρα ?

Trouvée à Sorrente. — Publiée par M. Frœhner dans le *Catalogue du Burlington Fine Arts Club*, 1888, n° 10, et reproduite dans les *Antike Denkmæler*, t. I, 59.

Fond noir brillant, rehauts blancs, palmettes sous les anses. — Pied bas et enduit d'un vernis noir brillant; au centre, un disque rouge avec de petits cercles noirs d'une grande finesse. — Haut., 53 millim.; diam., 166 millim.

85 — Skyphos de Xenotimos. — 1) *Nereus* (Νερυς, *sic*) est assis sur un rocher entre deux Néréides : *Eulimene* (Εὐλιμένη) et *Eileithyia* (Ηιλιθύα). Il est figuré en vieillard, les che-

veux blancs et la barbe blanche, couronné d'une bandelette, vêtu d'un long chiton sans manches et d'un manteau qui n'enveloppe que les genoux ; sa main gauche tient un sceptre. Eileithyia, debout devant lui, lui présente un dauphin ; Eulimene, de sa main gauche levée, ajuste son himation.

2) Du côté opposé, on voit trois autres Néréides : *Ploto* (Πλωτώ), debout à gauche, offre un lapin à *Psamathe* (Ψαμάθε), qui est assise sur un rocher et avance ses deux mains pour recevoir le cadeau. Derrière ce groupe, *Thetis* (Θέτις) apporte une couronne de feuilles et de baies.

Au-dessus du nom de Nérée, on croyait distinguer les traces de la signature de Xenotimos ; quoique ce fût une illusion, les deux vases sont sûrement du même artiste. — Trouvé à Sorrente. — Publié dans les *Antike Denkmæler*, t. I, pl. 59.

Palmettes sous les anses, une frise de *grecques* sous le tableau, le pied façonné comme celui de la coupe précédente. — Haut., 95 millim.; diam., 153 millim.

86 — Oxybaphon. — Jeune hoplite assis sur un siège, près d'une colonne cannelée d'ordre dorique. Il porte une lance à la main gauche, et dans l'autre une patère godronnée, qu'une jeune fille, debout devant lui et tenant une chytra, va remplir de vin. La jeune fille, drapée et parée d'une stéphané, tient de sa main gauche abaissée le bouclier de l'hoplite (*épisème :* une couronne de laurier). Le bouclier est gravé au compas. Une paire de cnémides est suspendue au mur. Derrière ce groupe, une femme drapée, la tête ceinte d'une bandelette, tient une longue ténie ; du côté opposé, un vieillard debout à gauche, appuyé sur un sceptre et tenant une branche de laurier.

La scène représente le départ d'un guerrier et la libation (σπονδή) qu'on faisait à cette occasion. Il n'est pas impossible que le sujet se rapporte au départ d'Achille pour la guerre de Troie.

Revers : Éphèbe debout à gauche et recevant des mains d'une femme diadémée un casque à cimier, orné d'un dauphin. L'éphèbe est déjà armé d'une lance et d'un grand bouclier (*épisème :* tête de lion à gauche). Derrière lui, une seconde femme, qui, de sa main gauche, touche le bouclier.

Couronne d'olivier en bordure. Palmettes et fleurs sous les anses qui, à leur naissance, sont bordées de godrons. Sous les figures, une ligne de *grecques* alternant avec des croisettes.

Beau style. — Trouvé à Capoue.

Haut., 38 cent.; diam., 41 cent.

87 — Grande cotyle. — *Triptolème sur son char, suivi de Déméter et de Koré.* Le char a deux grandes ailes d'aigle. Triptolème y monte, un bouquet d'épis à la main gauche, la tête retournée vers les déesses et le bras droit levé. Son front est paré de feuillage, ses cheveux retombent en longues boucles sur la poitrine et sur le dos, sa chlamyde s'arrête aux genoux et laisse à découvert le pectoral droit et les bras. Déméter, appuyée sur un sceptre et tenant une pomme de grenade, est voilée, coiffée d'une bandelette et vêtue d'un chiton ponctué à ceinture brodée. Koré, coiffée d'un *sakkos,* tient un flambeau allumé.

Revers : *Hercule et Iolaos initiés aux mystères d'Éleusis.* Au milieu, un hiérophante barbu (Eumolpe ou Musée, fils d'Orphée), couronné de feuillage, un flambeau à chaque main. Debout à droite, il retourne sa tête vers

Iolaos, qui lève son bras droit et tient à sa main gauche le rameau de la purification (εἰρεσιώνη). Hercule, barbu comme l'hiérophante, lève, lui aussi, son bras droit, et sa main gauche porte l'εἰρεσιώνη avec une branchette à feuilles rouges. Les deux nouveaux mystes ont le front ceint de feuillages, la poitrine et les bras nus. — Ce sujet est extrêmement rare. — Capoue.

Rehauts rouges. Doubles palmettes et rinceaux sous les anses, une frise de godrons sous les figures. — Base peinte en rouge. — Haut., 224 millim.; diam., 264 millim.

88 — Hydrie à trois anses. — Au milieu, une jeune fille drapée, debout à gauche, embrasse un éphèbe couronné de feuilles, qui se penche vers elle, le haut du corps nu, un bâton noueux sous l'aisselle. Devant ce groupe, une joueuse de lyre, placée de face, mais retournant la tête en arrière. Celle-ci est coiffée d'une ténie ; sa main gauche relève l'himation ; les cordes de sa lyre sont couvertes d'une housse brodée. Derrière le groupe central, une jeune fille drapée et coiffée d'un *sakkos* (détail intéressant : le *sakkos* est orné d'un bouton) ; puis un éphèbe drapé, appuyé sur un bâton noueux et la tête penchée en avant. Ce dernier a pour coiffure une ténie et une branche fleurie. Un lécythe et un sac à jouets sont suspendus au mur. — Beau style, fabrique de Nola.

Collier de lierre en fleur; bordure de *grecques* sous le sujet ; frise d'oves sur le rebord du goulot. — Haut., 42 cent.

89 — Amphore de Nola. — Hoplite barbu tendant une coupe à une jeune femme qui lui verse du vin. Il porte une cuirasse écaillée, un casque conique, une lance et un bouclier rond (*épisème :* serpent). La femme est drapée et porte dans ses cheveux une ténie rouge.

Au revers, un homme barbu et drapé, debout à gauche, tient un bâton en forme de *tau*. — Beau style.

Rehauts pourprés. — Haut., 334 millim.

90 — Amphore de Nola. — Jeune fille tendant une coupe à un éphèbe debout (à gauche) devant elle. L'éphèbe est vêtu d'une chlamyde ; il porte son pétase sur la nuque du cou, et au bras droit une paire de lances.

Revers : Femme drapée, allant à droite, les bras tendus en avant. — Beau style.

Rehauts rouges. — Haut., 33 cent.

91 — Cratère. *Persée et Andromède.* Au centre de la composition, Andromède ('Ανδρομέδα) attachée au rocher, de face et les bras tendus horizontalement. Elle est coiffée d'un bonnet asiatique, vêtue d'un manteau et d'un chiton talaire brodé, à manches longues. Le pectoral de son chiton a pour décor trois frises (bustes de chevaux, figurines aux bras levés et rais verticaux), reproduites, avec des variantes, sur le bas de la robe, qui est bordée d'une ligne d'eau. Les mêmes lignes d'eau se retrouvent sur les manches.

La jeune fille tourne sa tête vers Persée (Πέρσευς), qui est debout devant elle, presque nu, coiffé d'un bonnet conique, chaussé de brodequins, la main gauche sur la hanche, l'*harpé* à la main droite pendante. Son bonnet est ceint d'une couronne de feuilles blanches, sa chlamyde brodée sur les bords ; une bandoulière, qui descend de l'épaule droite, supporte le fourreau de l'*harpé*. Derrière lui, Aphrodite drapée ('Αφροδίτη), debout à gauche, visible jusqu'aux genoux. Elle aussi a le pectoral du chiton brodé de figurines, le front ceint de fleurs, un sceptre au bras gauche, une couronne de fleurs à la main droite avancée.

Au-dessus de l'anse, un autel allumé, paré d'une guirlande et orné d'une ligne d'oves.

Du côté opposé, on voit le père d'Andromède, Céphée (Κηφεύς), assis à gauche, la tête tournée vers Persée. Il porte le sceptre et le bonnet asiatique ; ses bras et sa poitrine sont nus. Plus loin, Hermès (Ἑρμῆς) debout, le pétase en tête, la chlamyde sur les épaules, le caducée à la main droite pendante. Une femme drapée, assise sur la colline et regardant la scène, représente l'*Éthiopie*. Son visage, quoique peint en rouge, a le type des négresses ; son chiton, à manches longues, est brodé entièrement. Devant elle, un monceau de pierres. Dans le champ, des fleurs et deux coffrets, dont l'un à toit conique (πυργίσκος).

Au revers du vase, trois éphèbes appuyés sur des lances ; ils sont vêtus de chlamydes et portent leurs pétases sur la nuque. Pierres et fleurs dans le champ.

Style attique du ɪvᵉ siècle. — Trouvé à Capoue.

Rehauts rouges, jaunes et blancs. Couronne de laurier sous l'orifice ; dans le bas, une double frise d'oves. — Haut., 28 cent. ; diam., 365 millim.

92 — Péliké de Nola. — Satyre nu, poursuivant une Ménade qui tient deux flambeaux. Le Satyre est couronné de lierre ; la Ménade, qui retourne la tête vers lui, est drapée et coiffée d'un *sakkos*.

Au revers, une femme drapée, debout à gauche, le bras droit étendu. Devant elle, une corbeille à ouvrage, remplie de laine rouge. — Beau style.

Rehauts rouges. Anses à nervures, avec palmettes peintes à leur naissance. — Haut., 21 cent.

93 — Œnochoé de Nola. — Orphée, allant vers la gauche, le bras droit étendu, la chlamyde jetée sur l'épaule gauche. Il est couronné de lierre, chaussé d'endromides en four-

rure, et porte à la main gauche une lyre (*chelys*) à sept cordes.

Sous l'anse (à nervure) et sur les parois latérales du vase, palmettes et fleurs disposées avec un goût exquis.

Rehauts rouges ; frise d'oves sous la figure. — Haut., 195 millim.

94 — Coupe. *A l'intérieur* : Un groupe de deux jeunes guerriers nus. L'un, debout à droite, est casqué, armé d'une lance, d'une épée et d'un bouclier. L'autre, tourné vers lui, pose sur un rocher sa jambe droite couverte de la chlamyde, et sa main gauche tient le parazonium. Bordure de *grecques* alternant avec des damiers.

Face externe : Éphèbe nu, appuyé sur une lance et tendant une coupe à une femme drapée. Devant lui, un vieillard tenant un sceptre. — Éphèbe armé de deux lances et conversant avec un homme appuyé sur un bâton. Une femme apporte une patère et une chytra.

Trouvée à Hermione.

Diam., 186 millim. — Palmettes autour des anses.

95 — Skyphos. — Jeune fille courant vers la droite, le buste de face, les bras étendus et la tête tournée en arrière. Elle est coiffée d'un *sakkos*, son vêtement se compose d'un chiton à manches courtes et d'un manteau. — Beau style. — Trouvé à Athènes, en 1868.

Haut., 8 cent.

96 — Aryballe. — Deux femmes debout, en face l'une de l'autre, la première tenant un bracelet, l'autre une *plemochoé*. Entre elles, une grande pyxis posée sur un coffre. Une ténie est suspendue au mur. — Trouvé à Anthédon de Béotie.

Haut., 16 cent. — Godrons à la naissance du col.

97 — Aryballe. — Aphrodite drapée, assise à gauche sur un siège sans dossier, les pieds sur un tabouret. Elle caresse un petit Éros nu, qui est debout devant elle sur le tabouret, les ailes redressées. Derrière la déesse, une femme drapée et diadémée, debout à gauche. Celle-ci appuie son pied droit sur une corbeille à ouvrage et rattache sa sandale.

Du côté opposé, un éphèbe en chlamyde courte, tenant deux javelots. — Dessin extrêmement fin, détails en relief, mais pas de rehauts blancs. — Athènes.

Haut., 13 cent. — Sur l'épaule du vase, une double bordure d'oves et de godrons.

III. — Vases dorés.

98 — *Récolte de l'encens :* grand aryballe doré, trouvé à Apollonia de Thrace. — Un Éros adolescent, portant une ténie dans ses cheveux, deux banderoles croisées sur sa poitrine, et une coupe à sa main droite, descend d'une échelle, au bas de laquelle une femme est assise (à gauche) sur un siège et jette des grains d'encens dans un thymiaterion. Cette femme, qui doit être Aphrodite, a le buste et les bras nus. Debout devant elle, une seconde femme, jambes et bras nus, tient une couronne de perles d'or et une grande coupe, semblable par sa forme à celle de l'Éros. Les deux femmes sont couronnées de feuilles dorées, et parées de colliers, de boucles d'oreilles, de bracelets d'or. Un autre Éros adolescent est agenouillé derrière le siège et semble cueillir des fleurs. Au-dessus de lui, une femme assise (à droite) sur une colline joue du tambourin, le buste nu, la tête tournée vers la scène principale. Son tambourin, peint en pourpre, est bordé

de perles d'or. Plus loin, une femme drapée se penche (à gauche) sur un cratère pour y puiser du vin. Du côté opposé, on voit une autre femme drapée, assise à gauche sur un siège sans dossier, et se retournant également pour voir la cérémonie religieuse qui s'accomplit. Puis une joueuse de double flûte, debout, coiffée d'un foulard et vêtue d'un long chiton à manches. Dans le haut, une colombe au vol.

Pour expliquer le sujet, nous adoptons provisoirement une idée de M. Furtwængler, qui pense qu'il s'agit de la récolte de l'encens. L'échelle doit s'appuyer contre un arbre, et dans les fresques égyptiennes, l'arbre à encens figure au nombre des objets que le roi de Punt envoie comme tribut (Brugsch-Bey, *History of Egypt under the Pharaohs*, t. I, p. 353 et suiv.). Les Grecs appelaient le grain d'encens λίβανος ἱερόδακρυς, *la larme sainte*. Mais sur un aryballe du Musée de Karlsruhe, la femme qui descend de l'échelle remet à Éros un vase rempli de fleurs (O. Jahn, *Vasen mit Goldschmuck*, pl. I, 3), sans qu'il y soit fait allusion à un sacrifice. Sur une hydrie de la Cyrénaïque on voit la scène suivante : une femme drapée descend d'une échelle et semble mettre quelque chose dans une coupe qui lui est présentée par une autre femme. Autour de ce groupe : une joueuse de double flûte, trois danseuses, l'une voilée, l'autre jouant des crotales (comme sur le vase suivant), puis un Éros au vol, qui joue également de la double flûte, et un Pan qui prend part à la danse (*Cat. of the greek vases in the British Museum*, t. II, p. 250). Personne ne méconnaîtra la parenté étroite qui existe entre ce sujet et celui des vases d'Apollonia.

Le tableau est peint sur un grand aryballe, d'une ravissante pureté de forme. Une frise de godrons entoure le col; la peinture est placée entre deux bordures : au haut, un rang de palmettes alternant avec des fleurs de lotus et appuyées sur une ligne de perles dorées ; dans le bas, un rang de méandres, interrompus par des échiquiers. Sous l'anse, un magnifique groupe de palmettes se déploie, comme sur l'hydrie du British Museum. La dorure est répandue à profusion, non-seulement sur les bijoux des femmes et les ailes des deux Érotes, mais sur les coupes, l'échelle, le thymiaterion et la bordure de palmettes. Toutes les dorures sont appliquées sur une pâte à la barbotine, de couleur jaune d'ocre.

Ce vase a été tiré, en 1885, d'un sarcophage en marbre, sans inscription, et dont le couvercle était scellé avec du plomb sur tout son pourtour. Le squelette qu'il renfermait était d'un homme.

On sait qu'Apollonia était une ville ionienne, colonie de Milet ; mais le vase est sûrement de fabrication attique et a dû être porté en Thrace par la voie du commerce.

Fond noir brillant, rehauts blancs et rouges. — Haut., 33 cent.

99 — *Récolte de l'encens :* aryballe doré, trouvé à Apollonia de Thrace. — Variante du vase précédent. Une femme au buste et aux bras nus *(Aphrodite)* descend de l'échelle et dépose un grain d'encens dans une coupe d'or que lui présente une femme drapée dans un long chiton à manches, chiton dont l'étoffe, presque transparente, est semée d'un pointillé. Éros, tenant une coupe ou un coffret d'or, plane devant la tête d'Aphrodite, et un thymiaterion est placé au bas de l'échelle. Derrière ce groupe, une joueuse de double flûte est assise (à gauche) sur un siège sans dossier, les pieds sur un tabouret. Elle aussi a le buste et les bras nus. Plus loin, on voit une joueuse de

tambourin, deux danseuses, dont l'une voilée, l'autre jouant des crotales, et une oie ou un cygne, battant des ailes.

Du côté opposé, une femme, aux bras nus, joue des cymbales, tandis qu'une autre, assise (à gauche) sur une colline et ajustant son chiton, retourne sa tête en arrière pour contempler la scène du sacrifice. A ses pieds, un Éros agenouillé semble cueillir des fleurs, et derrière elle est planté un arbre aux fruits d'or.

Ce vase a été découvert, en 1885, avec des vases en terre commune, dans un sarcophage en marbre portant l'inscription : ΚΑΛΛΙΑΣ ΚΡΑΤΙΠΠΟΥ (*Callias*, fils de *Cratippos*). Il est pareil à l'aryballe précédent, mais les palmettes de la bordure supérieure sont remplacées par une couronne de fleurs. L'emploi des dorures (pour les bijoux de femme, les ailes des Érotes, les flûtes, les cymbales, l'échelle, le thymiaterion et la bordure) est aussi le même, et aux couleurs de rehaut (blanc et rouge) s'ajoute le bleu.

Le style des deux aryballes d'Apollonia est celui du siècle d'Alexandre. Le dessin, d'une admirable pureté de lignes, et l'ordonnance des figures, dont chacune se retrouve isolément sur d'autres vases, sont de vrais chefs-d'œuvre de peinture vasculaire.

Haut., 275 millim.

100 — Aryballe doré. — Éros adolescent, debout à gauche, les ailes redressées, jette de l'encens sur un thymiaterion. Derrière lui, une danseuse drapée et parée de bijoux; devant lui, trois autres femmes, dont l'une bat le tambourin, tandis que la seconde, assise, joue de la lyre.

Palmettes sous les anses, dorures nombreuses; technique analogue à celle des deux vases précédents, mais plus sommaire. — Trouvé à Apollonia de Thrace.

Haut., 205 millim.

101 — Hydrie dorée, à trois anses. — Deux femmes, assises en face l'une de l'autre sur des chaises sans dossiers, sacrifient sur un thymiaterion. La première tient la boîte à encens et lève la main droite; la seconde jette les grains d'encens dans le brasier. Cette dernière a le buste et les bras à découvert, et ses pieds nus reposent sur un tabouret. Au-dessus du groupe, un Éros au vol semble déployer une ténie. Du côté gauche de cette scène se tient une femme debout, levant la main droite, comme fait la femme assise devant elle; un jeune Satyre, debout à l'autre extrémité du tableau, fait le même geste, qui indique sans doute qu'une prière ou une parole de bon augure se prononçait pendant la cérémonie. Le Satyre porte une pardalide sur le bras droit.

Cette peinture, de beau style, a été embellie par de nombreux détails en relief doré. Un rang de perles d'or est suspendu au col du vase, un assemblage de palmettes couvre tout le revers, et des frises d'oves se déroulent partout : sur le rebord de l'orifice, sous le tableau et sous les palmettes. — Attique.

Rehauts blancs et bleus. — Haut., 27 cent.

102 — Aryballe doré. — Entre deux éphèbes assis et retournant leurs têtes en arrière, un Éros enfant plane dans l'air et tient dans ses deux mains une couronne dorée. De chaque côté de l'Éros, qui est peint en blanc, on voit un arbre aux fruits d'or ; devant lui, une oie. Les éphèbes portent la chlamyde, agrafée sur la poitrine, et tiennent chacun une paire de javelots. Les trois figures ont des

ténies d'or dans les cheveux. — C'est une scène d'intérieur idéalisée : l'Éros rend hommage à la beauté des éphèbes. Une double palmette est placée sous l'anse; dans le haut, un double rang de perles en relief et une ligne d'eau ; à la base du goulot, une frise de godrons et un collier de perles. — Attique.

Rehauts blancs. Sous le tableau et sous les palmettes une frise d'oves. — Haut., 124 millim.

103 — Aryballe doré. — Éros debout et de face, près d'une femme assise, qui tient un tambourin et vers laquelle il tourne la tête et tend le bras droit. Il est peint en blanc. La femme est parée de bijoux : bracelets, collier, boucles d'oreilles et diadème de perles. Une couronne d'olivier est suspendue au-dessus de sa tête. De chaque côté, on voit un éphèbe debout, le front ceint d'une bandelette, avec chlamyde, chapeau plat et deux javelots. Celui de droite pose la jambe sur une colline, et sa main droite saisit un arbre aux fruits d'or.

Sous l'anse, un ravissant groupe de palmettes. Dans le haut, une couronne de fleurs et de fruits en relief doré. Collier de godrons sur le devant du goulot. Dans le bas, une frise d'oves. — Attique.

Fond noir brillant, rehauts blancs. — Haut., 112 millim.

104 — Aryballe doré. — Un Éros enfant, couronné d'une bandelette, est debout (à gauche) devant une femme assise, à laquelle il vient d'apporter un plateau. La femme, qui a le buste et les bras nus, est parée d'un collier, de boucles d'oreilles et d'une ténie d'or.

Palmettes sous l'anse. Double frise d'oves, la frise

supérieure ornée de graines en relief. Collier de godrons autour du goulot. — Attique.

Fond noir brillant, rehauts blancs. — Haut., 95 millim.

105 — Aryballe doré.—Éros adolescent, à genoux (à gauche) devant une jeune fille assise sur une colline. L'Éros, couronné d'un strophium d'or, semble tenir une ténie dans ses mains ; la jeune fille retourne la tête vers lui, comme pour lui parler; elle a le buste à découvert, le bras droit étendu, et sa main gauche s'appuie sur le gazon.

Palmette sous l'anse; double frise d'oves, celle du haut décorée de points en relief doré. — Attique.

Rehauts blancs. — Haut., 103 millim.

106 — Aryballe doré.— Aphrodite nue, accroupie devant un Éros nu, aux ailes dorées, qui plane dans l'air. L'Éros porte un grand vase godronné, doré également et rempli d'eau qu'il verse sur la tête de la baigneuse. Une femme, drapée et parée de bracelets d'or, tient dans ses deux mains une serviette. Derrière la déesse, un arbre fruitier où elle a suspendu son vêtement; puis un Satyre qui, à la vue d'Aphrodite, fait un geste d'admiration. Le Satyre porte dans ses cheveux une ténie dorée. — Très beau style. Le groupe central présente une grande analogie avec le sujet de l'aryballe, en forme de gland, de la collection Sabouroff. — Athènes.

Haut., 18 cent. — Les chairs de la baigneuse et de l'Éros sont peintes en blanc. Palmettes sous les anses. Sur l'épaule, une couronne de laurier aux fruits dorés. Godrons à la base du goulot.

107 — Aryballe doré. — Femme drapée, assise à gauche sur une colline, la tête tournée en arrière et le bras droit

tendu vers un Éros adolescent qui cueille des fruits sur un arbre. — Athènes.

Haut., 12 cent. — Palmettes et rinceaux sous l'anse. Collier de godrons et couronne d'olivier, les fruits en relief. L'Éros est peint en blanc. Bijoux dorés.

108 — Aryballe doré. — Jeune fille drapée, tenant de la main droite un fouet, et de l'autre les rênes d'un Éros adolescent qui marche devant elle. Ce groupe est précédé d'un second Éros qui porte un thymiaterion et un collier de perles. Les chairs des Érotes sont peintes en blanc. — Athènes.

Haut., 13 cent. — Ailes et bijoux dorés. — Palmettes et rinceaux sous l'anse. Au-dessus du tableau, une couronne de laurier aux baies dorées, etc.

109 — Aryballe doré. — Femme nue, assise à droite sur une colline, la tête retournée vers un Éros accroupi, à la coiffure féminine, qui cueille des fleurs. Entre eux, un arbre fruitier. — Athènes.

Haut., 12 cent. — Les chairs de la femme sont peintes en blanc, ses bijoux dorés. Palmettes et enroulements sous l'anse ; bordures d'oves et de godrons.

110 — Aryballe doré. — Au milieu, l'idole archaïque d'Aphrodite voilée, sur une base ; de chaque côté, une femme assise tournant la tête vers l'idole. L'une d'elles lève le bras droit ; l'autre, qui porte un chiton blanc, a les deux bras levés. — Athènes.

Haut., 98 millim. — L'idole est peinte en blanc ; bijoux dorés. Décor usuel.

111 — Aryballe doré. — Éros adolescent offrant un collier ou

une guirlande à une femme assise à gauche devant une quenouille. Entre eux, un arbre fruitier. — Athènes.

Haut., 108 millim. — Les chairs de l'Éros et de la femme sont peintes en blanc; les ailes de l'Éros, sa ténie et d'autres détails sont dorés. Décor usuel.

IV. — Vases représentant des jeux d'enfants, etc.

112 — Œnochoé à tableau. — Un éphèbe, vêtu d'une chlamyde, est assis sur un siège sans dossier, les pieds posés sur un escabeau. Il tient un coq dans ses mains, et devant lui, un autre coq picote des graines. Les combats de coqs étaient un des jeux favoris de la Grèce ancienne; nous savons les noms propres de plusieurs coqs célèbres, et les auteurs classiques sont pleins de détails sur les coqs de Tanagra, réputés les meilleurs. — Attique.

Fig. rouges sur fond noir. Au-dessus du tableau, un rang d'oves; au-dessous, des méandres alternant avec des damiers. — Haut., 16 cent.

113 — Œnochoé à tableau. — Groupe de deux enfants nus et couronnés de lierre. L'un, le plus âgé, court en avant, la chlamyde en écharpe, la tête retournée et le bras droit étendu vers l'enfant qui le suit. Celui-ci tient dans ses mains un flambeau et une chytra et porte une cassette sur son dos.

Ce vase et les vingt-neuf numéros suivants, de dimensions moindres, forment une suite qu'il n'est pas facile de réunir aussi complète. Ils ont la forme archaïque de la chytra : panse large et embouchure tréflée, et représentent des enfants en bas âge, parés de guirlandes, célébrant une fête ou s'amusant à quelque jeu. Dans tous ces petits tableaux, ou dans presque tous, on remarque une aiguière ornée de feuillage, et dont la forme est précisément celle de ces petits vases archaïques. Guidé par ce détail, M. Benndorf a rattaché la série entière à la fête des Anthestéries, à laquelle les Athéniens couronnaient les enfants de trois ans. Dans la seconde journée de cette fête, qui s'appelait les *Chous*, il était d'usage de couronner les aiguières. — Trouvée à Athènes.

Haut., 146 millim. — Même technique, deux rangs d'oves.

114 — Œnochoé dorée. — Enfant jouant avec un cygne blanc; devant lui, un autre enfant qui arrive au pas de course, levant le bras droit et tenant à la main gauche avancée une œnochoé. Tous les deux portent sur la poitrine des guirlandes aux fruits dorés, et dans les cheveux des ténies d'or. Une branche de lierre en relief doré règne autour du goulot. — Attique.

Peinture rouge et blanche sur fond noir. — Haut., 85 mill.

115 — Œnochoé dorée, à tableau. — Enfant nu, rampant sur le sol (à gauche) et tendant la main droite vers une petite table, chargée d'une chytra et de deux fruits blancs. Il est paré d'une bandelette d'or, d'un bracelet d'or et d'une guirlande aux feuilles dorées. Dans le champ on lit le mot κα[λό]ς peint en lettres blanches. — Attique.

Peinture rouge sur fond noir; rehauts blancs. Deux frises d'oves. — Haut., 7 cent.

116 — Œnochoé dorée. — Un enfant nu, couronné d'une ténie, est assis sur une chaise et tient un plateau chargé de fruits. Son bras droit s'accoude sur le dossier du siège. Devant lui, un chien blanc et un autre enfant, qui arrivent

en courant. Le second enfant, également couronné d'une ténie et paré d'une guirlande, porte une chytra à la main gauche, et à la droite un rameau. Une couronne de lierre peinte en blanc, les fruits dorés, règne autour du col du vase.

Dans le bas, une frise d'oves. — Attique.

Peinture rouge et blanche sur fond noir; détails jaunes, dorures sur relief. — Haut., 9 cent.

117 — Œnochoé dorée. — Enfant nu, assis sur un liknon bachique (?) et tenant une chytra dans les deux mains avancées. Il est couronné d'un bandeau en relief. Devant lui, un oiseau.

Peinture rouge sur fond noir brillant. Autour du col, un rang de globules en relief doré.

Sous le tableau, une frise d'oves. — Haut., 10 cent.

118 — Œnochoé dorée, à tableau. — Enfant à genoux, les bras ouverts, devant une table sur laquelle est placée une balle ou un fruit d'or. Il est paré de bracelets dorés et porte une guirlande dorée sur la poitrine. — Attique.

Peinture blanche et rouge sur fond noir. Bordures d'oves. — Haut., 53 millim.

119 — Œnochoé à tableau. — Enfant nu, portant une guirlande de lierre sur la poitrine, les bras avancés, une baguette à la main gauche. Devant lui, un vase placé à terre et une grappe de raisin suspendue; derrière lui, une table à sacrifice. — Attique.

Peinture rouge sur fond noir, entre deux frises d'oves. — Haut., 98 millim.

120 — Œnochoé à tableau. — Enfant nu, rampant sur le sol

(à gauche), la tête levée au ciel, le bras gauche tendu vers un vase. — Attique.

Peinture rouge sur fond noir; deux frises d'oves. — Haut., 85 millim.

121 — Œnochoé à tableau. — Enfant nu, rampant sur le sol, devant un vase bachique. Il est paré de bracelets et d'une guirlande de fleurs peintes en blanc. — Attique.

Comparez Stackelberg, *Græber der Hellenen*, pl. XVII.

Peinture rouge sur fond noir, rehauts blancs. Frises d'oves. — Haut., 55 millim.

122 — Œnochoé à tableau. — Même sujet, mais l'enfant n'a ni ténie, ni bracelets, et la guirlande est peinte au trait noir. — Attique.

Peinture rouge sur fond noir. Frise d'oves au-dessus du tableau. — Haut., 55 millim.

123 — Œnochoé à tableau. — Éphèbe couronné de feuillage, debout à gauche, le bras droit avancé, la jambe gauche levée et posée sur la traverse d'un trépied, comme s'il allait y monter. Derrière lui, une chytra ornée d'une double guirlande de fleurs. — Beau style. — Attique.

Peinture rouge sur fond noir, rehauts blancs. Frise d'oves au-dessus du tableau. — Haut., 10 cent.

124 — Œnochoé. — Un enfant, peint en blanc, est à genoux devant un tabouret sur lequel il appuie ses deux mains; il regarde une grappe de raisin qu'un camarade, plus âgé que lui, vient lui apporter, pendant qu'un autre enfant, debout derrière lui, tient un vase paré d'une couronne de feuilles. Celui qui porte le raisin et celui qui tient le vase

sont couronnés de lierre et parés de guirlandes. Autour du col, un rameau. — Attique.

Peinture rouge et blanche sur fond noir. Dans le bas une ligne d'oves. — Haut., 10 cent.

125 — Œnochoé à tableau. — Enfant nu, rampant sur le sol, devant un oiseau assis sur un perchoir. Il est paré d'une ténie et d'une guirlande, et lève le bras droit. Une chytra, également parée d'une guirlande, est suspendue au mur. — Attique.

Peinture rouge sur fond noir; rehauts blancs. Frise d'oves près de l'orifice du vase. — Haut., 9 cent.

126 — Œnochoé à tableau. — Enfant nu, s'appuyant contre une table à sacrifice (*trapeza*) comme s'il voulait la pousser. Derrière, un autel. — Attique.

Figures rouges sur fond noir. Au-dessus du tableau, un rang d'oves. — Haut., 78 millim.

127 — Œnochoé. — Enfant nu, rampant sur le sol. Il porte une guirlande de lierre sur la poitrine. Dans le haut, un rameau de lierre et de corymbes; dans le bas, une frise d'oves. — Attique.

Peinture blanche et rouge sur fond noir. — Haut., 5 cent.

128 — Œnochoé à tableau. — Enfant nu, appuyé contre un coffret, dont on distingue l'anse et le couvercle. Dans le champ, une balle. — Attique.

Peinture rouge sur fond noir. Frise d'oves dans le haut. — Haut., 66 millim.

129 — Œnochoé à tableau. — Enfant nu, rampant sur le sol,

la tête tournée en arrière, le bras droit étendu. Devant lui, un vase. — Attique.

Peinture rouge sur fond noir. Frise d'oves dans le haut. — Haut., 65 millim.

130 — Œnochoé. — Un enfant, peint en blanc, est à genoux entre deux enfants plus âgés, qui tendent les mains vers lui et semblent se parler. Dans le champ, l'inscription καλὸς en lettres blanches. — Attique.

Peinture rouge et blanche sur fond noir. Double frise d'oves. — Haut., 95 millim.

131 — Œnochoé. — Une fillette est assise dans un char à deux roues, attelé de deux chiens maltais. Elle a le buste nu; à côté d'elle, on voit une quenouille. Un adolescent, couronné de feuillages, court après le char, le poussant d'une main et retenant de l'autre la fillette, pour l'empêcher de tomber. L'attelage est précédé d'un éphèbe, également couronné de feuilles, vêtu d'un chiton court, tenant un rameau et conduisant l'un des chiens par la bride. Sur le second plan se dresse une base élevée, ornée d'oves et surmontée d'un trépied.

Ce petit tableau, ravissant d'invention et d'un dessin très fin, représente une scène nuptiale transformée en jeu d'enfants. Dans la Grèce ancienne, les fiancés étaient assis sur un char et précédés d'un conducteur *(paranymphios)*; la quenouille était le symbole de la maîtresse de maison. — On remarque une certaine analogie de composition entre cette peinture et celle publiée par Stackelberg, *Græber der Hellenen*, pl. XVII, où la localité est également précisée par un trépied. Le chariot attelé de chiens se retrouve souvent dans les scènes de la vie enfantine. — Attique.

Peinture rouge et blanche sur fond noir ; détails jaunes ; frise d'oves sous le tableau. — Haut., 78 millim.

132 — Petite œnochoé à tableau. — Un enfant nu, paré d'une guirlande, est assis à terre, les bras tendus horizontalement ; sa main gauche tient une grappe de raisin. Devant lui, une chytra. — Athènes.

Bordure d'oves. — Haut., 78 millim.

133 — Petite œnochoé à tableau. — Éphèbe nu, devant un arbre, dont il saisit une branche. Il se retourne vers un enfant nu pour lui remettre le fruit qu'il vient de cueillir. L'enfant traîne un petit chariot. — Athènes.

Deux frises d'oves. — Haut., 112 millim.

134 — Petite œnochoé. — Trois enfants. L'un porte sa chlamyde en écharpe sur les épaules et joue à la balle. Les deux autres jouent avec un chien. Le chien et l'enfant vers lequel il saute sont peints en blanc. — Athènes.

Bordure de lotus et ligne d'oves. — Haut., 9 cent.

135 — Petite œnochoé à tableau. — Éphèbe nu, accroupi à droite et lutinant avec une grappe de raisin un petit chien couché. Devant lui, un enfant nu, traînant un chariot et tenant à sa main gauche une petite chytra qui a la même forme que ce vase. L'éphèbe et l'enfant sont couronnés de feuilles, et ce dernier porte sa tunique en écharpe sur le bras gauche. — Athènes.

Deux bordures d'oves. — Haut., 104 millim.

136 — Petite œnochoé à tableau. — Enfant nu, debout à gauche et tendant les bras vers une chytra et une patère godronnée (?), placées par terre. Il est paré d'une guirlande. Bordure d'oves. — Haut., 7 cent.

137 — Petite œnochoé à tableau. — Enfant assis sur un chariot attelé de deux chiens maltais qui courent au galop. Le chariot est orné de croisettes et ses roues ne sont pas ajourées. L'enfant est nu, couronné de lierre, paré d'une guirlande ; sa main droite tient le *kentron*. — Athènes.

Publiée dans la *Gazette arch.* 1878, p. 55 (pl. VII) et reproduite dans Baumeister, *Denkmæler*, p. 705.

Bordures d'oves. — Haut., 11 cent.

138 — Petite œnochoé à tableau. — Deux enfants nus, courant l'un après l'autre. Le premier est peint en blanc, et tous les deux portent des guirlandes en sautoir. — Athènes.

Bordures d'oves. — Haut., 6 cent.

139 — Petite œnochoé à tableau. — Enfant nu, rampant sur le sol et jouant avec un chien maltais. Guirlande portée en sautoir. — Athènes.

Bordures d'oves. — Haut., 94 millim.

140 — Petite œnochoé à tableau. — Deux enfants lutteurs, nus et couronnés de feuilles, s'exercent à l'ἀκροχειρισμός, c'est-à dire qu'ils cherchent à se renverser en se prenant par les mains. De chaque côté, un cippe palestrique sur une base. — Athènes. — Même décor. — Haut., 85 millim.

141 — Œnochoé à tableau. — Éros adulte, planant dans l'air et couronnant un trépied placé sur une base. A Athènes, le nombre des trépieds votifs était très considérable ; une des rues de la ville s'appelait « la rue des Trépieds ».

Peinture rouge sur fond noir. Dans le haut, une frise d'oves. — Haut., 9 cent.

142 — Petite œnochoé dorée, à tableau. — Au centre, un trépied doré, placé sur une colonnette cannelée. A

gauche, un éphèbe debout, couronné d'une ténie, l'épaule droite nue, la main droite avancée et tendant une couronne vers le trépied. A droite, un éphèbe nu, courant dans la direction opposée. Il tient une chytra à la main droite tendue vers le trépied, et porte sur ses épaules un enfant nu, qui tient à sa main droite un bouquet de fleurs. L'enfant aussi est couronné d'une ténie. — Athènes.

Bordures d'oves. — Haut., 104 millim.

V. — Vases attiques de la fin du IVe siècle.

143 — Grand lécythe. — Idole drapée de Dionysos barbu, adossée (à gauche) contre un pilier et parée de branches de lierre. Devant elle, une table à sacrifices, chargée d'un canthare. Devant la table, une Ménade drapée, les cheveux épars, les bras et les mains enveloppés du chiton, fait le geste de l'adoration. Derrière la Ménade, un thyrse orné d'une branche de lierre. — Athènes.

Rehauts rouges. Deux bordures de *grecques ;* palmettes et fleurs de lotus sur l'épaule du vase. — Haut., 34 cent.

144 — Même forme. Femme drapée, debout et portant un oiseau dans ses bras. Derrière elle, un siège couvert d'un coussin ; devant, un coffret. Inscription fictive. — Athènes.

Même décor. — Haut., 35 cent.

145 — Grande pyxis athénienne. La pyxis, une boîte cylindrique munie d'un couvercle, était destinée aux femmes, qui y enfermaient leurs cosmétiques et leurs menus

objets de toilette ; elle recevait un décor pittoresque en harmonie avec sa destination. Le couvercle de celle-ci représente une scène d'intérieur, mais qui se passe dans un monde idéal. Six femmes ou jeunes filles sont réunies dans leur chambre commune, le gynécée. L'une est assise sur un bahut et tend les mains vers un coffret qu'on lui apporte. Deux autres sont en conversation, et entre elles, un petit Éros est assis à terre et semble tenir une couronne de fleurs ou un ruban. Plus loin, une jeune fille présente un coffret à bijoux à une femme qui vient d'en tirer un collier de perles. Entre ces groupes, on voit une plante, une corbeille à ouvrage et une oie, l'oiseau favori des femmes grecques et qui manque rarement dans ces scènes de la vie domestique.

Le dessin, quoique un peu négligé, est de beau style. Quelques détails sont à noter. Les femmes ont pour vêtement un chiton à plis très fins, tombant jusqu'aux pieds et laissant les bras nus ; une seule porte l'himation étendu sur ses genoux. Les bijoux, dont elles sont parées (bracelets, colliers, boucles d'oreilles et diadèmes), sont en relief, ce qui indique qu'ils étaient dorés. Toutes ces figurines se détachent en rouge sur un fond noir, à l'exception de l'Éros, qui est peint en blanc.

Le couvercle est légèrement bombé, et à son centre on a incrusté un disque de bronze avec un anneau mobile. Une frise de palmettes règne autour de la boîte, dont les rebords sont décorés d'oves. L'intérieur a été peint en noir, et le dessous est orné de cercles concentriques. — Athènes.

Haut., 65 millim.; diam., 163 millim.

146 — Grande pyxis athénienne. — Le couvercle, légèrement bombé, représente un *apodiogma :* trois jeunes filles

poursuivies par un éphèbe, et deux Érotes adolescents. L'une des jeunes filles tient une ténie dans chaque main ; l'autre, une ténie et un rameau fleuri ; la troisième et l'un des Érotes portent également des rameaux en fleur ; l'éphèbe se présente armé de deux lances et vêtu d'une chlamyde, le chapeau suspendu à la nuque. Toute cette scène est très mouvementée, et pour marquer la peur des femmes qui prennent la fuite, l'artiste n'a pas reculé devant l'exagération. Les diadèmes des Érotes et les bracelets sont en relief et portent des traces de dorure. — Trouvée au Pirée.

Beau style, mais dessin négligé. Frise d'oves sur le rebord du couvercle, chapelet autour de l'anneau central en bronze (moderne). La boîte est peinte en blanc, l'intérieur en noir, de même que le dessous. Le pied est orné d'un disque rouge et de cercles rouges et noirs. — Haut., 55 millim.; diam., 153 millim.

147 — Pyxis athénienne. — Boîte élevée, les parois légèrement courbes. Sujet : Femme assise à gauche sur un siège, devant un Éros planant dans l'air et portant un plateau. Derrière elle, une colombe au vol et une femme portant un coffret, une ténie et une pannetière. Plus loin, une autre femme assise à gauche, la tête retournée vers un Éros qui lui présente un plateau ; puis un dernier groupe : Éphèbe nu, en conversation avec une femme tenant un miroir et un tambourin.

Sur le couvercle : un Éros présente un coffret ouvert et une ténie à une femme assise à gauche sur une chaise et tournant la tête vers une autre femme, qui porte un coffret à parois quadrillées, en courant vers la droite. Entre elles, un thymiaterion. Plus loin, une plante, puis une femme tenant un collier, et un Éros hermaphrodite (à gauche) accroupi, jouant avec une colombe. Enfin, un éphèbe nu, semblant parler à une femme.

Le bouton du couvercle est conique et s'élève sur une petite plate-forme évidée. — Beau style.

Rehauts blancs, traces de dorure. Dans le pied, trois encoches cintrées. — Haut., 23 cent.

148 — Petite pyxis. — Deux colombes à têtes de femmes, dont l'une a les cheveux couverts d'un *sakkos*, sont affrontées et regardent une perdrix perchée sur un rocher. Derrière elles, une seconde perdrix et une plante. La colombe à tête de femme est une des plus anciennes représentations d'Aphrodite, et la disposition héraldique du groupe remonte également à une haute antiquité. Le couvercle est orné de palmettes et d'un bouton central. — Attique.

Dessin négligé. Intérieur peint en noir. Au revers du couvercle, une large bande rouge ; pied découpé et orné de cercles concentriques. — Haut., 62 millim.; larg., 58 millim.

149 — Petite pyxis. — Une Niké drapée, au vol, apporte un coffret à une femme qui court au-devant d'elle, ouvrant les bras et tenant déjà un collier de perles. Plus loin, une corbeille à ouvrage, une femme debout et une plante fleurie. Niké figure ici comme symbole de la beauté féminine.

Couvercle orné de palmettes, le bouton élégamment façonné et décoré d'un rang d'oves. — Attique.

Rehauts blancs. L'intérieur est peint en noir. Base découpée et ornée d'un point clos ; au revers du couvercle, un cercle rouge. — Haut., 46 millim.

150 — Petite pyxis. — Sur le couvercle, Éros adolescent, pla-

nant dans l'air, le bras gauche pendant, l'autre étendu. Dessous, un décor floral. — Athènes.

Peinture ternie par le feu du bûcher. — Haut., 28 millim.; diam., 54 millim.

151 — Askos. — Sur la partie bombée : un lévrier courant après un lièvre qui se précipite dans un filet. Dessin très fin. — Camiros.

Diam., 82 millim.

VI. — Vases à fond blanc.

152 — Lécythe. *Hercule combattant le triple Géryon.* Hercule, agenouillé à gauche, dans la pose de l'archer du fronton d'Égine, tire une flèche contre son adversaire. Le héros est coiffé d'une peau de lion et armé d'un carquois. Un manteau, suspendu à l'arbre qui sépare les combattants, lui sert de parapet. La figure de Géryon se compose de trois hoplites juxtaposés, en posture de combat, armés de boucliers béotiens et de longues lances. Mais l'un de ces hoplites est déjà atteint mortellement; son buste penche en avant, et un flot de sang coule de sa bouche. Derrière Géryon, le chien Orthros assis; puis le compagnon d'Hercule, Iolaos, qui attaque le géant par derrière, et plus loin, Athéné, armée d'une lance, les bras levés. Iolaos est barbu et nu, mais armé de cnémides, d'une épée et d'une lance qu'il tient à la main gauche. Son casque n'a pas de cimier; son bras droit est couvert d'un manteau. — Athènes.

Noir sur fond blanc, rehauts rouges, détails gravés. Méandre au-dessus du sujet. Sur l'épaule du vase, palmettes noires peintes sur terre pâle. — Haut., 16 cent.

153 — Lécythe. *Hercule chez les Centaures.* — Debout (à droite) et coiffé de la peau de lion, la jambe gauche posée sur l'épaule d'un énorme vase à vin, dont la panse est enfouie dans la terre, Hercule ouvre le couvercle du vase et y plonge sa main droite. Avant d'ouvrir le couvercle, il avait fallu écarter deux fermoirs mobiles, dont le bas est fixé à la panse du tonneau. Un carquois et une chlamyde sont suspendus au mur. De chaque côté, un Centaure barbu. Dans le champ, rameaux de lierre et corymbes. — Italie.

Noir sur fond blanc; méandre au-dessus du sujet. Sur l'épaule, une couronne radiée, noir sur terre pâle. — Haut., 22 cent.

154 — Balsamaire. — Une Amazone, vêtue d'anaxyrides et d'un justaucorps à manches longues, est debout (à gauche) devant un palmier planté derrière un autel et vers lequel elle retourne la tête. Elle est armée d'un *gorytos* (fourreau de l'arc), d'un carquois et d'une gibecière blanche; sa main droite tient une hache à deux tranchants; un manteau blanc est jeté sur son bras gauche étendu et fait office de bouclier; à ses pieds gît un casque. Le visage de l'Amazone, ses mains et ses pieds nus sont peints en blanc, ses vêtements sont noirs, mais ornés de lignes blanches ponctuées; le *gorytos* et le carquois sont décorés de points clos (noir sur fond blanc. Dans le champ, le mot καλέ (en lettres du ve siècle) et près du palmier : καλός. — Attique.

Noir et blanc laiteux sur fond blanc; détails jaunes. Dans le haut, une frise de méandres alternant avec des croisettes. — Haut., 168 millim.

155 — Balsamaire. — Éthiopienne en costume d'Amazone, debout, à droite, le buste de face, la tête tournée vers un

palmier sacré, les bras étendus horizontalement. Sa main gauche tient un arc, l'autre une flèche. Une table à sacrifices est placée au pied du palmier, et un casque à cimier gît à terre. — Grande-Grèce.

C'est l'exemplaire Barone, décrit par Heydemann dans l'*Arch. Zeitung*, 1869, p. 36 et 115, et publié *ibid.*, 1873, p. 36.

Fond blanc effacé, peinture noire. Dans le haut, une bordure de feuilles, de style barbare. — Haut., 16 cent.

156 — Balsamaire. — Hoplite debout dans un quadrige (à gauche). Il est vêtu d'un chiton court et coiffé d'un casque à cimier rouge; ses mains tiennent les guides des chevaux et une longue baguette, le *kentron*. Devant le char, un second hoplite, debout (à droite), armé d'une lance, d'une épée et d'un bouclier rond; puis un archer asiatique avec son arc, son carquois et deux flèches. Lignes ponctuées, simulant des légendes.

Sous le col du vase : une frise de palmettes et une frise de *grecques*, interrompues par les deux appendices qui remplacent les anses. — Style archaïque de la décadence. — Attique.

Noir sur fond blanc; rehauts rouges, détails gravés. — Haut., 16 cent.

157 — Balsamaire portant le nom de Chairippos. — Un éphèbe, coiffé d'une ténie blanche, le manteau autour des reins, s'appuie sur un bâton noueux et se penche vers un chien maltais en faisant claquer les doigts de la main gauche. Plus loin, un autre éphèbe, nu et debout (à gauche), tient une haste à la main droite; son autre main repose sur la hanche et sa tête se tourne en arrière vers deux hastes

croisées. Lui aussi est paré d'une ténie blanche. Inscription : Χαίριππος καλός (deux fois).

Dans le haut, un échiquier et deux petits appendices simulant les anses ; sous les figures, une *grecque*.

Dessin au trait noir et bistré, d'une grande pureté de style.

Trouvé en Grèce et publié dans Klein, *Lieblingsinschriften*, p. 78.

Fond blanc mat. — Haut., 158 millim.

158 — Balsamaire. *Lutte entre Thétis et Pélée*, devant trois Néréides qui prennent la fuite.

Les figures, de petites dimensions, sont peintes sur une frise étroite et bordée de deux rangs de palmettes couchées. Décadence de l'ancien style. — Athènes.

Noir sur fond blanc ; détails gravés. — Haut., 12 cent.

159 — Patère polychrome de Sotades. L'intérieur est peint en blanc mat, le marli et l'ombilic sont enduits d'un vernis noir brillant, et une cigale, en terre pâle, sans peinture, est assise sur l'ombilic.

Revers finement mouluré. On y compte jusqu'à huit moulures concentriques, peintes alternativement en rouge, en blanc mat et en noir. Sur le marli extérieur, les restes d'une signature d'artiste, en deux lignes tracées au burin : Σο[τάδες] ἐ[ποίε].

Trouvée à Athènes, en 1890, avec les huit numéros suivants. — Diam., 164 millim.

160 — Patère polychrome de Sotades. Comme la pièce précédente, celle-ci a la face interne peinte en blanc mat, le marli et l'ombilic en noir vernissé. Les moulures du revers sont au nombre de dix et présentent la même alternance de couleurs : blanc mat, noir et rouge. La

signature de l'artiste, gravée sur la face externe du marli, en deux lignes et en lettres très fines, est complète : Σοταδες εποιε, pour Σωτάδης ἐποίει.

Diam., 168 millim.

161-162 — Paire de gobelets, du même artiste que les deux numéros précédents. Panse demi-ovoïde, l'intérieur peint en blanc mat, l'orifice en noir vernissé. La face externe est ornée de dix-huit moulures peintes alternativement en rouge, en blanc mat et en noir, et la base est façonnée en bouton noir, tourné au tour et orné de deux moulures, l'une rouge, l'autre noire.

Haut., 75 millim.; diam., 85 millim. — De l'un de ces gobelets, le tiers seul est antique, et le reste est refait en plâtre; à l'autre il ne manquait qu'un morceau insignifiant.

163 — Petite coupe qu'on peut attribuer avec certitude à Sotades. Les parois sont d'une extrême ténuité, les anses allongées, un peu relevées à l'endroit où les deux tiges se joignent, et terminées chacune par un bouton conique. L'intérieur est peint en blanc mat, sauf le tour de l'orifice et le disque central qui sont vernissés de noir. Ce disque est orné d'un sujet (rouge sur fond noir), qui est un petit chef-d'œuvre de style et de finesse de travail. Il représente une jeune mère drapée, coiffée d'une sphendoné et assise sur une chaise sans dossier. Elle tend son bras droit vers un enfant nu, assis en face d'elle, dans un siège qui a la forme du moulin antique et dont la partie supérieure est percée de deux ouvertures, par lesquelles passent les jambes de l'enfant. De son côté, le nourrisson tend les deux bras vers sa mère.

Le revers de la coupe et des anses est vernissé de noir,

mais la couleur naturelle de la terre apparaît dans l'intérieur des anses et sur leurs boutons ; le pied n'est qu'un anneau saillant, peint en rouge et orné de cercles noirs.

Diam., 128 millim.

164 — Coupe de Sotades. — Sur un fond blanc mat est peinte, au trait bistré, une scène de la vie champêtre. Un arbre, couvert de feuilles et de fruits, se dresse au milieu ; d'un côté, on distingue les contours d'une figure drapée et l'inscription Μελισι en lettres attiques du ve siècle; de l'autre côté, une jeune fille, vêtue d'un chiton transparent, se hausse sur la pointe des pieds et cherche à cueillir un des fruits (en relief blanc) de l'arbre. Elle est coiffée d'une sphendoné, et sa main gauche abaissée relève le chiton. Le corps svelte de cette jeune fille est une des plus ravissantes choses que l'art grec ait créées; on n'a pas besoin de rattacher le sujet au Jardin des Hespérides. Inscription : ....γρο. En exergue, la signature de l'artiste, peinte en deux lignes : [Σοτ]άδες ἐποίεσεν.

Autour de l'orifice, une double bordure, rouge et noire. Le revers avait une couverte rouge-orange, de même le pied, dont la partie plate porte un large liséré noir. Ténuité de parois comme au numéro précédent.

Les parties brisées ont été refaites en plâtre. — Diam., 185 millim.; haut., 75 millim.

165 — Coupe apode (de Sotades). — A droite, un énorme serpent, caché dans un champ de blé, se dresse subitement devant un homme qui, à la vue du monstre, s'effraie et prend la fuite. Cet homme est coiffé d'un bonnet de fourrure et vêtu d'une chlamyde ; il porte une masse d'armes au bras gauche et lève le bras droit, la tête retournée

vers le serpent. Plus loin, on distingue les restes d'une seconde figure. Il est vraisemblable que le sujet se rapporte à la mort d'Archemoros.

Dessin au trait bistré, sur un fond blanc mat. Le tableau était entouré d'un cercle très fin. Au revers, couverte rouge-orange et un anneau saillant, faisant office de pied.

Diam., 182 millim. — Il n'y a d'antique que les deux fragments du sujet; la coupe a été complétée en plâtre, sur des indices certains.

166 — Coupe de Sotades. — Le tableau, polychrome sur fond blanc, représente l'intérieur d'un tombeau d'ancien style, bâti en coupole et surmonté d'un trépied. A gauche, un homme jeune, tenant à son bras droit levé une longue verge, est agenouillé, le regard fixé sur le sol, la main gauche baissée pour ramasser quelque chose. C'est le devin Polyeidos (Πολύειδος). Il a le haut du corps nu, les jambes enveloppées d'un manteau brun. En face de lui, un enfant, encapuchonné dans une chlamyde brune, est accroupi et regarde l'objet que le devin va prendre. L'inscription nous dit que cet enfant est Glaukos (Γλαῦκος), le fils du roi Minos. Le pavé du tombeau, un cailloutis, est indiqué au moyen de points en relief. En exergue, près du bord de la coupe, on voit deux serpents.

Voici en quels termes Apollodore (III, 2, 3) raconte cette légende : « Un jour, le jeune Glaukos, fils du roi Minos, poursuivit une mouche et tomba dans un tonneau de miel, où il se noya. Personne ne sachant ce qu'il était devenu, et les recherches les plus actives étant restées infructueuses, on fit venir le devin Polyeidos, qui, en effet, retrouva le corps de l'enfant. Le roi, qui voulait qu'on lui rendît son fils vivant, fit enfermer dans la même chambre le devin et le corps inanimé de Glaukos. Polyeidos resta d'abord fort embarrassé; mais, pendant qu'il cherchait les moyens de se tirer d'affaire, il fut témoin d'un fait étrange. Un serpent s'approcha du cadavre. De peur que l'enfant ne fût mordu, le prophète tua le reptile d'un coup de pierre. Mais un autre serpent parut aussitôt avec une herbe qu'il déposa sur le serpent mort et, à la grande surprise du devin, le reptile qui venait d'expirer releva la tête au premier contact de la plante merveilleuse. Aussitôt Polyeidos s'empara de cette herbe, la mit sur la poitrine de l'enfant et eut la joie de le rendre à la vie. On ajoute que Minos ne laissa pas partir le devin sans qu'il eût appris son art à Glaukos. »

La peinture de notre coupe ne représente pas la résurrection même de Glaukos, mais l'enseignement qu'il reçoit après sa résurrection. Polyeidos, en se baissant, cueille l'herbe magique que le serpent lui a fait connaître.

La signature d'artiste se lit au-dessous du trépied : [Σοτ]άδες.

Dessin au trait bistré, avec touches de pinceau brunes, rehaussées de noir. Bordure noire autour de l'orifice. Le revers est enduit d'un vernis noir luisant, mais le disque du pied est cerné d'un large ruban rouge, de même que le revers du pied est colorié en rouge et orné d'un cercle noir. Anses à boutons coniques. Parois très légères, comme dans toute cette famille de vases.

Diam., 185 millim.

167 — Coupe d'Hegesiboulos. — A l'intérieur, un médaillon en blanc mat se détache sur un fond orangé à bordures

noires. Le sujet, peint au trait bistré, représente une femme jouant à la toupie. Elle est coiffée d'un *sakkos*, vêtue d'un chiton à fines plissures, d'un manteau d'une étoffe plus épaisse, et tient à la main droite un fouet à double lanière. Légende circulaire, en lettres du ve siècle : Εγεσιβολος εποιεσεν, pour Ἡγησίβουλος ἐποίησεν.

Le vase a la même ténuité de parois et ses anses ont exactement la même forme que celles des coupes de Sotades ; elles sont vernissées de noir, sauf à l'intérieur, et leurs boutons sont décorés d'une étoile noire. La face externe du vase est peinte en rouge-orange, l'anneau qui sert de pied est noir.

Diam., 139 millim.

168 — Coupe dans le style d'Hiéron. — A l'intérieur, un médaillon sur fond blanc mat, représentant (rouge sur noir) une conversation entre deux éphèbes drapés. L'un, le plus âgé, tourné à droite, s'appuie sur un bâton et lève son bras gauche ; un chien est couché à ses pieds. L'autre, tourné à gauche, sort sa main droite de dessous la draperie. — Inscription fictive, bordure de grecques.

Au revers, l'intérieur d'une maison d'habitation indiqué par des colonnes d'ordre dorique. Six personnages drapés, appuyés sur des bâtons noueux ; une femme debout et une femme assise près d'une quenouille ; ténies suspendues au mur. — Cervetri.

Rehauts rouges. Restaurations en plâtre. — Diam., 284 millim.

169 — Aryballe athénien ; dessin au trait bistré sur fond blanc, avec touches de brun et de noir. — Niké assise à dr. sur un promontoire, les ailes redressées, le chiton transparent et laissant à découvert le buste et les bras. La

main gauche de la déesse soutient le menton, le bras droit repose sur la jambe. Une longue palme gît devant elle. Dans le haut, le mot Νίκη. Les ailes et les rochers sont ombrés. — Beau style du ve siècle.

Ce petit vase, d'une élégance et d'une pureté de dessin rares, a été publié dans la *Gazette Archéologique*, 1878, pl. 32 et au *Catalogue Eug. Piot*, p. 39.

Haut., 102 millim.

170 — Aryballe athénien de même style. — Femme drapée, debout à gauche, la main droite tendue en avant. De chaque côté, un groupe de palmettes et de fleurs de lotus, peintes en rouge et en noir vernissé.

Trait bistré sur fond blanc, touches noires et rouges. A la base du goulot, une couronne radiée, noir sur terre pâle. — Haut., 134 millim.

171 — Grand lécythe polychrome portant le nom d'Akestorides. — Une joueuse de double flûte est debout à dr. devant une joueuse de lyre, qui se présente de face et tourne la tête vers elle comme pour l'écouter. La joueuse de lyre est coiffée d'un *sakkos* blanc et vêtue d'un peplos noir sans manches, serré à la ceinture, les plis verticaux marqués en rouge. A la main droite abaissée, elle tient le *plektron*, attaché à un ruban; au bras gauche, une lyre formée d'une carapace de tortue et ornée d'une bandelette.

La joueuse de flûte est coiffée d'une *opistho-sphendone* blanche, brodée de croisettes. Elle aussi porte un peplos, serré à la taille; mais la partie supérieure du vêtement est d'une étoffe vert pâle, tandis que le bas est d'une étoffe rouge. Les deux femmes sont nu-pieds et portent des breloques aux oreilles. Leur physionomie rappelle les têtes de femmes gravées sur certaines monnaies d'argent de Syracuse, qui remontent au ve siècle avant notre ère (*Catalogue of Greek coins in the Brit. Museum*, Sicily, p. 160). Légende : 'Ακεστορίδες καλός.

Trouvé à Gela (Terranova) de Sicile.

Les chairs, les coiffures et le dessus de la lyre sont en émail d'un blanc laiteux ; c'est un procédé de fabrication qui n'a pas été signalé encore.

Fond blanc ; au-dessus du tableau, une frise de méandres ; autour du goulot, palmettes rouges sur fond noir. — Haut., 356 millim.

172 — Lécythe blanc, portant le nom d'Evaion. — Une femme coiffée d'une bandelette blanche, vêtue d'un chiton et d'un manteau rouge, est debout près d'un siège à pieds courbes. Derrière elle, une ténie suspendue et une corbeille à ouvrage. Inscription : Εὐαίων καλός (avec Ω et Λ), écrite στοιχηδόν. — Athènes.

Publié dans Klein, *Lieblingsinschriften*, p. 70.

Dessin au trait noir, touches rouges ; dans le haut, une bordure de grecques alternant avec des croisettes ; sur l'épaule, palmettes noires sur fond blanc. — Haut., 31 cent.

173 — Grand lécythe blanc, portant le nom de Lichas. — Femme assise à gauche sur un siège sans dossier, mais dont les pieds sont façonnés au tour. Coiffée d'un *sakkos* et vêtue d'un chiton et d'un manteau rouge, elle tend les bras vers une femme debout devant elle, qui lui présente un grand plateau chargé de couronnes et de ténies rouges et blanches. Cette dernière n'a pour vêtement qu'un long chiton sans manches, et un siège est placé derrière elle. Dans le haut, deux petits vases, un miroir et la légende (στοιχηδόν) en trois lignes : Λίχας καλὸς Σάμ[ιο]ς, — Athènes. — ve siècle.

Vignette dans Klein, *Lieblingsinschriften*, p. 83.

Dessin au trait bistré sur fond jaunâtre ; touches noires, rouges et blanches. Les chairs des femmes et quelques ténies sont peintes en blanc, le noir est vernissé. — Bordure de grecques alternant avec des croisettes aux cantons ponctués. Palmettes noires sur l'épaule et une ligne d'oves à la base du goulot. — Haut., 363 millim.

174 — Grand lécythe portant le nom de Dromippos. — Style et sujet du numéro précédent. La femme vêtue d'un manteau rouge est debout à droite près de son siège. La femme qui tient le plateau porte un peplos à deux couleurs, rouge et blanc. Ténie et miroir suspendus au mur. La légende [Δρόμ]ιππος [καλὸς Δρομοκλεί]δο se complète avec certitude à l'aide d'un lécythe du Musée de Berlin (*Furtwængler*, n° 2443). Voir Klein, *Lieblingsinschriften*, p. 82. — Athènes.

Fond jaunâtre, trait bistré, le plateau noir et cerclé de rouge. — Haut., 36 cent.

175 — Lécythe. — Niké d'ancien style, debout à droite devant un autel et faisant une libation. Sa main droite tient une patère et verse du vin dans la flamme de l'autel; sa gauche, levée, fait le geste de la prière. La déesse est ailée, coiffée d'un *sakkos*, parée de bracelets, vêtue d'un chiton blanc à manches courtes et d'un himation noir. Légendes fictives. — Athènes.

Dessin au trait noir, touches rouges et noires vernissées. Dans le haut, bordure de *grecques* alternant avec des croisettes. Sur l'épaule, palmettes noires sur fond rouge. — Haut., 24 cent.

176 — Lécythe. — Au milieu, une stèle cintrée, couronnée d'une palmette et élevée sur trois degrés. A droite, un

jeune guerrier casqué, la chlamyde en écharpe, la rondache au bras gauche, une lance à la main droite. Devant sa tête, une patère suspendue.

A gauche, une fillette drapée dans un chiton. Elle porte sur sa tête un grand plateau chargé de ténies et d'autres offrandes, ses bras s'avancent vers le guerrier, et sa main droite lui présente un lécythe. — Athènes.

Trait bistré sur fond blanc luisant. Palmettes sur l'épaule. — Haut., 342 millim.

177 — Grand lécythe. — Jeune femme assise devant une stèle funéraire et tenant un plateau, dans lequel sont placés trois lécythes ayant exactement la forme de ce vase. Cette femme, venue pour faire une offrande, est nu-pieds; son manteau, déployé sur les genoux, est de couleur violette et bordé de pois blancs. La stèle, couronnée de ténies vertes, est peinte d'une couleur violacée, ornée d'une frise d'oves et d'un fronton, dont les trois acrotères sont façonnés en palmettes et en demi-palmettes peintes en vert. A droite, on voit un éphèbe debout, armé de deux lances, avec chlamyde, pétase et endromides de chasse. — Beau style du ve siècle. — Athènes.

Dessin au trait rouge et peinture polychrome. — Haut., 43 cent.

178 — Grand lécythe. — Un éphèbe armé de deux lances pose sa jambe droite sur la base d'une stèle funéraire. Il porte une chlamyde rouge foncé, agrafée sur l'épaule, un chapeau jaune suspendu à la nuque, et des endromides jaunes. Sa main droite fait le geste de la prière; sa tête penchée indique la douleur qu'il ressent à la vue du tombeau d'un de ses proches. La stèle, parée de ténies rouges, a un fronton triangulaire avec palmette centrale. A sa gauche, une femme nue est debout, la main dans les cheveux épars,

et s'abandonne, elle aussi, à la douleur. Un oiseau aquatique, probablement un héron, perche sur l'une des marches du sépulcre.

Style très beau, dessin d'une exquise finesse.

Trait rouge. Palmettes et oves rouges sur l'épaule et autour du goulot. — Haut., 415 millim.

179 — Lécythe. — Un homme barbu, coiffé d'un bonnet de marin, est assis (à gauche) devant une stèle. Il porte sa chlamyde sur l'épaule, une haste au bras, et sa main droite repose sur le genou. Ce doit être le mort lui-même apparaissant à ceux qui visitent son tombeau. La stèle, dressée sur une base à deux degrés, est couronnée de feuilles d'acanthe. En face du marin on voit une femme drapée, debout et le bras droit sur la hanche. — Attique.

Dessin au trait rouge. — Haut., 33 cent.

180 — Lécythe. — Entre deux stèles funéraires, parées de ténies rouges et jaunes, un éphèbe nu est debout, les bras levés à la hauteur de la tête, comme s'il s'arrachait les cheveux. L'une des stèles a un fronton triangulaire avec acrotère central; elle est peinte de bleu et de rouge.

Dessin noir et peinture polychrome. Palmettes rouges autour du goulot. — Haut., 24 cent.

181 — Lécythe. — Un vieillard, appuyé sur un bâton et vêtu d'un long manteau rouge, est debout (à gauche) devant un éphèbe qui tient une lance. L'éphèbe est drapé dans une chlamyde, et son chapeau est suspendu à la nuque.

Une frise de méandres alterne avec des croisettes cantonnées de points. Palmettes et oves sur l'épaule et à la naissance du goulot.

Trait bistré, rehauts rouges et noirs. — Haut., 305 millim.

182 — Lécythe. — Stèle sépulcrale, dressée sur une base couronnée de feuilles d'acanthe et parée de ténies. A gauche, un éphèbe assis, drapé dans un chiton court et une chlamyde, le chapeau sur la nuque, les pieds chaussés de bottines de chasse, une lance au bras. A droite, un second éphèbe dont le chiton est d'une étoffe moitié rouge, moitié pointillée de vert. Il porte, comme l'autre, une chlamyde, un chapeau, des bottines vertes et une lance. — Athènes, 1866.

Dessin au trait rouge et peinture polychrome. Dans le haut, méandres et quadrillés ; palmettes sur l'épaule. — Haut., 324 millim.

183 — Lécythe. — Jeune fille drapée, debout devant un éphèbe qui lui présente un balsamaire. L'éphèbe porte sur l'épaule gauche une chlamyde rouge. Dans le haut, une ténie rouge et un miroir suspendu.

Dessin au trait bistré. Bordure de méandres alternant avec des étoiles ; palmettes sur l'épaule. — Haut., 30 cent.

184 — Lécythe. *Exposition du mort.* Le mort est couché, à gauche, sur une kliné, les yeux fermés, le corps couvert de ténies rouges. Au pied du lit, une jeune fille, la main gauche posée sur la tête, la droite tendue vers le mort ; au chevet, une seconde jeune fille, vêtue d'un chiton et d'un manteau rouge et faisant les mêmes gestes. — Athènes.

Publié par Benndorf, *Vasenbilder*, p. 36 (pl. 17,1).

Trait bistré, rehauts rouges ; sur l'épaule, palmettes peintes en noir et en rouge. — Haut., 315 millim.

185 — Grand lécythe. *Exposition du mort.* Le mort est étendu à gauche sur un grand lit ; c'est un jeune homme,

enveloppé de sa chlamyde, la tête posée sur un oreiller. Devant lui, une femme drapée, la mère, lève les deux bras pour s'arracher les cheveux. Le père, debout au pied du lit, ne lève que le bras droit. Deux lécythes de dimensions colossales sont placés au second plan; sous le lit, l'oiseau domestique : une oie. — Style du ve siècle.

Trouvé au Pirée, en 1874.

Dessin rouge avec touches noires. Bordure de *grecques* en noir, et sur l'épaule, palmettes peintes en rouge et en noir. — Haut., 50 cent.

186 — Lécythe. *La barque de Charon.* Hermès, tenant son caducée, prend une jeune fille par la main gauche et la conduit auprès de Charon qui l'attend, debout dans sa barque. Le nocher des enfers a pour vêtement une *exomis* rouge et pour coiffure un bonnet de marin (blanc, rayé de vert). Sa main gauche tient la rame; sa droite, ouverte, est tendue vers la jeune fille, comme s'il lui demandait l'obole. Hermès, vêtu d'une chlamyde, le pétase sur la nuque, tourne la tête vers la morte qu'il amène. Derrière celle-ci, on voit un petit esclave nu qui porte à la main droite une coupe avec l'eau de Léthé. Cette figurine, qu'on rencontre ici pour la première fois, donne un intérêt particulier à ce lécythe. — Athènes.

Dessin au trait rouge, peinture polychrome. Méandre noir en bordure; sur l'épaule, palmettes peintes en rouge et en noir. — Haut., 383 millim.

187 — Lécythe. — Stèle peinte, couronnée d'une palmette entre deux feuilles d'acanthe; au haut de la stèle, une bordure de *grecques,* puis deux bandes horizontales, peintes en violet. Près du monument, une jeune fille drapée, avançant le bras droit. Du côté opposé, une

femme (*sakkos* blanc et peplos rouge) portant un plateau, d'où pend une ténie rouge, et touchant de sa main droite le couronnement du sépulcre.

Beau style. — Athènes.

Dessin au trait violet, peinture polychrome. Méandre noir, palmettes en rouge et en noir. — Haut., 294 millim.

188 — Lécythe. — Colonne funéraire s'amincissant vers le haut, parée de bandelettes rouges. A gauche, une femme, en manteau rouge, présente un balsamaire; à droite, une autre femme déploie une ténie. — Athènes.

Trait violacé; bordure de grecques et palmettes noires. — Haut., 30 cent.

189 — Lécythe. — D'un côté de la stèle, un éphèbe en chlamyde rouge, le pétase sur la nuque, est debout et lève le bras droit. Du côté opposé, une femme porte un enfant sur son bras. Coiffée d'une sphendoné, elle a le haut du corps à découvert, le bras droit tendu vers la stèle, et un miroir est suspendu devant sa tête. L'enfant est nu entièrement et, comme sa mère, tend son bras droit vers la stèle. Il n'est pas besoin de faire remarquer la rareté de ce sujet.

La stèle, élevée sur deux marches, est couronnée d'une palmette et bordée d'oves.

Style du ve siècle, dessin d'une grande pureté de trait. — Athènes.

Trait rouge, *grecque* et palmettes rouges. — Haut., 366 millim.

190 — Grand lécythe. — Stèle très large, couronnée d'oves et d'acanthe. A gauche, une femme en peplos noir bordé de rouge, une sphendoné blanche sur la tête; elle apporte une couronne de fleurs et un grand plateau chargé de

ténies. A droite, un homme barbu, le haut du corps nu, une chlamyde rouge autour des reins, s'appuie sur son bâton, les mains tendues vers la stèle pour la couronner.

Grand style du ve siècle. — Athènes.

Dessin au trait noir, méandre noir, palmettes peintes en noir et en rouge. — Haut., 425 millim.

191 — Grand lécythe. — Femme assise à dr. près d'une stèle et tenant une oie dans ses mains. Elle a le buste nu, et un himation vert lui couvre les jambes. Stèle couronnée de feuilles d'acanthe et parée d'un bandeau vert. A la droite du monument, un éphèbe debout et de face, coiffé d'un bonnet conique rouge, une chlamyde bleue sur les épaules, des endromides vertes aux pieds, le bras gauche appuyé sur deux lances. Sa tête est tournée vers le sépulcre. — Trouvé au Pirée.

Dessin au trait rouge, peinture polychrome; méandre noir, palmettes coloriées de rouge et de noir. — Haut., 43 cent.

192 — Grand lécythe. — Stèle peinte, avec son fronton triangulaire et orné d'une rosace. Une palmette et deux feuilles d'acanthe servent d'acrotères. Les contours du triangle sont peints en bleu, l'abaque est colorié en rouge, et une frise rouge à décor linéaire divise la stèle en deux registres.

A gauche, une jeune fille en chiton vert suspend une ténie à l'un des acrotères. A droite, un éphèbe est assis, le bras appuyé sur deux lances. Il porte une chlamyde rouge, des bottines vertes, et un pétase est suspendu à sa nuque. — Attique.

Dessin au trait rouge, palmettes rouges et noires. — Haut., 495 millim.

193 — Grand lécythe. — Deux figures sont debout devant la stèle : à gauche, un éphèbe casqué, déployant une ténie ; à droite, une femme tenant dans ses deux mains un vêtement brun roulé en paquet. La femme est coiffée d'une sphendoné rouge et d'un chiton blanc à bandes violettes; derrière elle, on distingue un plateau chargé de ténies rouges. La stèle est couronnée d'une frise d'oves, de volutes et d'un bouquet d'acanthe. L'âme du mort, l'*eidolon*, plane dans l'air. — Attique.

Dessin au trait rouge et violacé, palmettes peintes en noir et en rouge. — Haut., 415 millim.

194 — Grand lécythe. — Autour d'une stèle couronnée d'acanthe, trois personnes sont groupées. A gauche, une femme en manteau noir bordé de rouge ; elle attache une ténie à l'une des feuilles d'acanthe. Devant la stèle, un éphèbe assis à gauche, le haut du corps nu, le menton appuyé sur la main droite. Derrière lui, une femme debout, en manteau rouge, la main posée sur l'abaque vert du monument.

Grand style du ve siècle. — Attique.

Dessin au trait rouge, peinture polychrome ; bordure de *grecques* noire, palmettes peintes en rouge et en noir. — Haut., 495 millim.

195 — Grand lécythe. — Stèle à couronnement conique flanqué de feuilles d'acanthe et de deux demi-palmettes vertes. Devant le tombeau, un homme barbu est assis, la main gauche sur la poitrine, l'autre levée et ajustant le chiton. Derrière lui, une femme voilée, debout, dans l'attitude du deuil. Elle porte un chiton rouge, sans manches, et sa main gauche saisit le voile. Du côté opposé, les restes d'un éphèbe appuyé sur deux javelots. Entre lui et le

tombeau, une très petite figurine humaine plane dans l'air; c'est l'âme du mort, l'*eidolon*.

Grand style du vᵉ siècle. — Attique.

Dessin au trait gris, palmettes en noir et en rouge. — Haut., 55 cent.

196 — Grand lécythe. — Stèle peinte, couronnée de palmettes et d'acanthes. Un homme nu et barbu est assis à droite sur les marches du tombeau, la chlamyde en écharpe, la main droite tendue vers un éphèbe qui, debout devant lui, s'appuie sur deux javelots. L'éphèbe porte un bonnet conique, une chlamyde et des brodequins verts. Derrière l'homme assis, une femme, le haut du corps nu, prend des ténies dans un plateau qu'elle porte. Son manteau est peint en vert. — Pirée, 1874.

Grand style du vᵉ siècle.

Dessin au trait rouge, palmettes en noir et en rouge. — Haut., 51 cent.

197 — Grand lécythe. — Une palmette, deux feuilles d'acanthe et une ligne d'oves couronnent le tombeau. Un homme barbu est assis à droite sur les marches du sépulcre, les jambes croisées. Il porte un chiton blanc et bleu, sa main gauche tient une lance, et un bouclier rond s'appuie contre son genou. Derrière lui, un éphèbe debout, en chlamyde rouge, les bras et la poitrine nus. Cet éphèbe est armé de deux javelots et tient à la main droite avancée un casque, dans l'autre un parazonium. Devant l'homme assis, une femme, en chiton blanc et rouge, porte sur l'épaule gauche un plateau chargé de couronnes, et à la main droite, avancée vers la stèle, une bandelette. — Grand style du vᵉ siècle. — Attique

Dessin au trait rouge et bistre. — Haut., 47 cent.

198 — Grand lécythe. — Au centre, une grande stèle, si élevée qu'elle se continue sur l'épaule du vase et que son sommet touche le goulot. C'est un pilastre polychrome, se rétrécissant vers le haut, décoré, au tiers de sa hauteur, de feuilles d'acanthe saillantes, et couronné d'un bouquet d'acanthes. La stèle est entourée de trois personnes. Une femme drapée, assise (à gauche) sur les marches du tombeau, tient un coffret sur ses genoux. Elle regarde une femme debout devant elle, vêtue d'un chiton blanc et vert, et rajustant, des deux mains levées, son manteau. Derrière elle, un éphèbe en chlamyde rouge, le haut du corps nu, s'appuie sur un bâton, et de sa main droite il saisit la chlamyde pour se couvrir l'épaule. — Grand style du ve siècle. — Attique.

Dessin au trait rouge, peinture polychrome; palmettes en noir et en rouge. — Haut., 574 millim.

199 — Lécythe. — *Couronnement de stèle.* A gauche, une femme, en manteau rouge, tient une ténie de même couleur. A droite, un Éros adolescent, planant dans l'air, s'approche de la stèle pour la couronner d'une ténie rouge. La stèle est munie d'un toit et élevée sur deux marches. — Athènes.

Dessin au trait bistré; touches noires et rouges. Bordure ondulée et palmettes noires. — Haut., 22 cent.

200 — Lécythe. — Stèle couronnée de volutes ioniques et d'une palmette. A gauche, une femme drapée, tenant une couronne de fleurs; à droite, un enfant nu, agenouillé sur les marches du tombeau. — Athènes.

Dessin au trait rouge pâle. Méandre noir et palmettes noires. — Haut., 198 millim.

201 — Lécythe. — Stèle ornée de ténies noires et bleues.

A gauche, une femme assise, portant sur ses genoux un plateau d'où elle tire une bandelette. Devant elle, une femme drapée, debout. — Style de la décadence. — Attique.

Dessin au trait noir, polychromie outrée, palmettes noires. — Haut., 335 millim.

202 — Petit lécythe. — Une femme drapée est debout devant une stèle sépulcrale parée de bandelettes, et tient des deux mains une guirlande de fleurs qu'elle va y suspendre. Derrière elle, une ténie. Dessin monochrome au trait bistré. — Décadence.

Fond blanc laiteux, méandre noir; sur l'épaule, deux couronnes radiées, noir sur terre jaune. — Haut., 178 millim.

II

BÉOTIE

203 — Grand bassin (*lebes*) de style primitif. — Sur la face antérieure, une longue galère montée par dix-neuf rameurs; derrière les rameurs et adossé à l'éperon, le *celeustes* qui commande les mouvements; à la poupe, le timonier, assis à gauche devant sa cabine et maniant deux grands gouvernails. Toutes les têtes ressemblent à des têtes d'oiseau; la proue est ornée d'un œil prophylactique. Dans l'angle supérieur de gauche, un cercle ponctué, figurant une couronne de fleurs.

La peinture du revers représentait deux bouquetins affrontés et paissants; ils ont presque disparu. Derrière le bouquetin de gauche, on voit un oiseau aquatique.

Toute la partie inférieure du vase, de même que les anses, est couverte d'un décor géométrique rudimentaire (cercles et traits inclinés). — Trouvé à Thèbes.

Peinture noire (passée au rouge) sur terre pâle, d'un blanc jaunâtre. L'intérieur aussi est orné d'une large bande noire. — Haut., 22 cent.; diam., 34 cent.

204 — Grande chytra à décor géométrique, un serpent en relief sur l'anse. Panse sphérique, toute couverte de rondelles dont chacune est formée de six cercles concentriques, au trait. Le devant du col est divisé en trois panneaux, dont deux sont ornés de doubles fleurs de lotus; le panneau central a quatre registres superposés (treillis, chevrons, etc.). Entre les panneaux, quelques lignes

ondulées verticales, et au revers du col, des groupes de chevrons.

Orifice trilobé, anse plate décorée de zigzags; le serpent aussi est colorié de traits noirs, et les écailles de sa tête sont indiquées par un quadrillé. — Trouvée à Thèbes.

Haut., 52 cent. — Peinture noire sur terre jaunâtre.

205 — Grande amphore de style primitif. Panse divisée en trois registres. Sur l'épaule, deux tableaux : à l'avers, une biche paissant, allaitant son faon; champ semé de croisettes gammées et de fleurons; au revers, un cerf courant à droite, au milieu de fleurons, de croix gammées et de losanges pleins. De chaque côté du tableau, un échiquier; sous les anses, treillis et losanges. — 2° registre : volutes et croix gammées. — 3° registre : cercles concentriques; puis la base, qui est peinte en noir.

Autour du col : fleurs de lotus, croix gammées et étoiles. Les zones intermédiaires sont formées de zigzags verticaux, groupés trois par trois. Le rebord du goulot est quadrillé, le pied porte quatre encoches. Anses accouplées, ornées de rais et de losanges quadrillés et ponctués. — Trouvé à Thèbes.

Peinture noire sur terre jaunâtre. — Haut., 54 cent.

206 — Grande cotyle de Teisias d'Athènes. — Autour de l'orifice, une belle couronne d'olivier, chargée de baies, est peinte en couleurs d'applique rouge et blanche. Au-dessous de cette couronne, près de l'anse, la signature d'artiste : Τεισίας ἐπίεσεν (*sic*) hαθεναῖος, est gravée en lettres attiques du ve siècle. — Trouvée à Tanagra.

O. Rayet, *Revue arch.*, 1875, t. I, p. 172.

Haut., 195 millim.; diam., 255 millim. — Vernis noir brillant; autour de la base, une couronne radiée (noir sur rouge), détails gravés. Anses un peu relevées. Sous le pied, deux cercles en rouge d'applique sur fond noir.

207 — Grande cotyle de Teisias d'Athènes. — Près de l'une des anses, qui sont horizontales, on lit la signature : Τ[ει]σίας ἐποίεσεν hαθεναῖος. — Trouvée à Tanagra.

O. Rayet, *l. c.* Personnellement, je ne crois pas à l'authenticité des inscriptions de Teisias.

Haut., 225 millim.; diam., 265 millim. — A la base, une bordure de lignes droites (noir sur terre pâle) ; sous le pied, cercles noirs sur terre pâle.

208 — Bassin sans anses. — Deux quadriges (à gauche) avec leurs conducteurs. L'un marche au pas, suivi d'un cavalier nu et d'un homme armé d'une gaule; l'autre, allant au trot, est suivi d'un cavalier et d'un chien et accompagné de deux oiseaux au vol. Les conducteurs sont barbus et vêtus de chitons blancs; l'homme barbu qui tient la gaule est drapé dans une chlamyde, le bras droit nu. Il marche à grands pas, retournant la tête vers le second quadrige. — Thèbes.

Noir sur fond orange, rehauts blancs et gravures. Couronne de feuilles sur le plat de l'orifice; l'intérieur et le pied peints en noir. — Haut., 14 cent.; diam., 23 cent.

209 — Lécythe. — Énée portant son père Anchise sur ses épaules, pour le sauver de l'incendie de Troie. Armé en hoplite, le bouclier au bras gauche, deux lances à la main droite abaissée, il marche vers la droite, accompagné de son fils Ascagne, qui lève le bras. De chaque côté du groupe, une femme drapée, la première précédant Énée et se retournant vers lui (c'est peut-être *Creusa*, sa femme), la seconde (*Aphrodite*) tenant une fleur et s'éloignant des fuyards. Anchise a les cheveux, la barbe et les

sourcils peints en blanc. De même qu'Ascagne, il est vêtu d'une chlamyde ponctuée de rouge et de blanc. — Trouvé à Thèbes.

Noir sur fond orange, rehauts blancs et rouges. Bordure de deux rangs de perles réunies entre elles par des traits. Palmettes sur l'épaule, couronne radiée sur et sous le goulot. — Haut., 305 millim.

210 — Grande cotyle à deux tableaux. A l'avers : *Ulysse chez Circé*. Celle-ci, drapée et debout à gauche, porte sur la main gauche un skyphos qui a exactement la forme de notre vase ; sa main droite, à l'aide d'une baguette, remue le breuvage qu'elle présente à son hôte. Ulysse, nu et de face, la chlamyde sur le bras, un bonnet conique en tête, tient d'une main son épée, de l'autre son fourreau. Derrière Circé, on voit un métier de tisserand avec tous ses détails.

Le sujet du revers, expliqué par des légendes, est *Ulysse sur son radeau*, naviguant vers l'île des Phéaques. Au radeau sont substituées deux amphores à vin, moyen primitif de navigation, dont, de nos jours encore, se servent les fellahs d'Égypte. Ulysse (Ὀλυσεύς) est nu, le bras gauche couvert de la chlamyde ; il fait une grande enjambée vers la gauche et plonge son trident dans l'eau. La mer est figurée par des lignes d'eau et deux poissons. Dans l'angle supérieur de droite, on voit la tête de Borée (Βορίας, *sic*), soufflant de toutes ses forces. En effet, dans l'Odyssée 5,296, Borée est au nombre des vents déchaînés, par ordre de Neptune, contre le radeau d'Ulysse.

Toutes les figures de ce vase curieux sont des caricatures, non fortuites, comme l'art archaïque en produisait sans le vouloir, mais intentionnelles. — Trouvée à Thèbes.

Haut., 155 millim. — Noir sur fond rouge pâle, détails gravés. — Anses horizontales.

211 — Pyxis. — Sur la boîte : Enfant dans un chariot à roues massives, attelé de deux chèvres qui courent au galop. De chaque côté, une Niké drapée, déployant ses ailes. L'une précède le chariot, l'autre s'en détourne et porte une couronne de laurier. Entre elles, un Éros adolescent, allant à gauche et tenant dans chaque main une couronne de laurier. — Bordures de feuilles et de godrons.

Sur le couvercle, un griffon et deux lions. — Trouvée à Thèbes.

Noir sur fond orange, détails gravés. Le bouton du couvercle est façonné au tour et colorié de noir et de rouge d'applique. Pied annelé et découpé. — Haut., 21 cent.; diam., 143 millim.

212 — Cratère campaniforme. *Hercule au jardin des Hespérides.* Le héros est assis à gauche, adossé contre l'arbre aux pommes d'or et la tête retournée vers une des Hespérides qui cueille des fruits. Il est imberbe, coiffé de la peau de lion, appuyé sur sa massue. L'Hespéride est drapée dans un chiton blanc à manches courtes ; elle lève les yeux vers l'arbre, le bras droit allongé, la main gauche pressée sur la poitrine et tenant les pommes qu'elle a déjà cueillies. Sa jambe droite est posée sur un rocher. Au-dessus d'Hercule, un Éros ailé cueille aussi des pommes ; puis, derrière lui, on voit une seconde Hespéride, ajustant son chiton sur l'épaule gauche, et un Pan assis, armé d'une massue.

Au-dessus de la première Hespéride, une figurine de femme (*Selene*), diadémée et vêtue d'un chiton blanc, tient deux flambeaux. Plus loin, un Satyre jeune, armé d'un pedum et debout sur un rocher, s'éloigne de la scène, la tête tournée en arrière. La femme assise devant lui, sur une montagne, représente une divinité locale. Elle a le bras droit levé.

Revers : Trois palestrites drapés, séparés par des colonnes d'ordre dorique. — Trouvé à Tanagra.

Rouge sur fond noir, les chairs de l'Éros, de la première Hespéride, de Selene, et les pommes de l'arbre sont peintes en blanc. Bordure de laurier dans le haut et de palmettes dans le bas. Godrons sur le rebord. — Haut., 447 millim.

213 — Hydrie à trois anses. *Persée et Andromède.* La jeune fille, rivée au rocher de Jaffa, est de face, les bras étendus et les poignets pris dans des anneaux. Elle est diadémée et vêtue d'un peplos sans manches, l'himation en écharpe. A sa droite, Céphée, assis sur un rocher; il porte au bras droit un sceptre couronné d'une palmette, sa tête est ceinte de corymbes, sa poitrine ornée d'une guirlande de fleurs. Au-dessous du rocher, deux poissons et le monstre marin combattu par Persée, qui s'élance contre lui, la *harpé* à la main droite, une lance au bras gauche. Persée porte une chlamyde flottante, un chapeau ailé et des endromides ailées. Dans le haut, une femme, assise sur la colline, fait un geste de frayeur à la vue du monstre. C'est l'Éthiopie personnifiée. Entre Persée et le κῆτος, une plante et une seiche. — Trouvée à Thèbes.

Haut., 365 millim. — Grand groupe de palmettes sous les anses. Frise d'oves, de *grecques*, etc. Les aspérités du rocher sont ponctuées de noir. Le dessous du pied et le plat de l'orifice ont été coloriés en rouge.

III

CORINTHE

214 — Très petite chytra. — Deux bustes de sphinx égyptiens, d'ancien style, les ailes redressées et recroquevillées. Le premier est un androsphinx barbu, voilé du claft, la tête surmontée d'une coiffure à deux appendices ; il tend son bras droit vers un oiseau perché devant lui et détournant la tête. L'autre est un sphinx femelle coiffé de l'*atef*. Plus loin, un arbre sacré, à huit branches, accosté de deux éperviers, qui tournent la tête pour le regarder.

Sur l'épaule du vase, un buste de quadrupède et cinq bustes d'androsphinx ; à la base, une couronne radiée.

Style proto-corinthien, dessin très fin.

Publié dans le *Journal of Hellenic studies*, t. XI, 179.

Haut., 45 millim. — Noir sur fond jaunâtre. Entre l'épaule et la panse, une frise de losanges ; au bas de l'anse (refaite), un réseau. Le rebord du goulot est moderne.

215 — Petit balsamaire à panse bursiforme. — Deux coqs de combat affrontés. Champ semé de rosaces. — Trouvé à Camiros.

Noir et pourpre sur terre blanche ; graffites. Fleuron à la base et sur le rebord du goulot. — Haut., 85 millim.

216 — Même forme. Lièvre debout sur ses pattes de derrière, entre deux lions affrontés. Rosaces dans le champ.

Même technique. — Haut., 78 millim.

217 — Même forme. — Dieu ailé, à queue de serpent, la tête tournée à droite vers un oiseau planant dans l'air. Ses cheveux, ceints d'une bandelette, retombent en paquet sur la nuque du cou; sa barbe est cunéiforme, son buste drapé dans un justaucorps brodé. Ailes redressées et arrondies, bras droit pendant, la main gauche tendue vers l'oiseau. Exécution d'une finesse remarquable. — *Cat. Eugène Piot*, n° 107.

Même technique, fond blanc à glaçure. — Haut., 78 millim.

218 — Grand balsamaire à panse bursiforme. — Colombe à tête de femme devant un aigle au vol. Ailes recroquevillées, cheveux retombant jusqu'aux jambes; sur la poitrine, un bandeau brodé. — Trouvé à Athènes.

Noir sur terre pâle, détails gravés. Semis de rosaces, fleurons, etc., comme à l'ordinaire. Réseau sur la tranche de l'orifice. — Haut., 22 cent.

219 — Même forme. — Idole façonnée en quadruple palmette. — Trouvé à Athènes.

Même technique. — Haut., 23 cent.

220 — Même forme. — Une double palmette, qui ressemble d'assez près à un foudre ailé, est placée entre deux aigles au vol. Champ semé de rosaces ; à la base, sur le rebord de l'orifice et sur le goulot, un fleuron.

Même technique. — Haut., 18 cent.

221 — Grand aryballe. — Entre deux jeunes cavaliers affrontés, on voit un homme barbu, qui prend l'un des chevaux par la bride. Les trois figurines sont vêtues de chitons courts, peints en rouge, et deux d'entre elles portent une bandelette dans les cheveux. Plus loin, un aigle au vol.

Champ semé de corymbes et de croisettes. — Trouvé à Thèbes (Béotie).

Peinture noire et rouge sur terre blanche. Autour du col et sur le rebord de l'orifice, un fleuron ; sur l'anse, un échiquier ; à la base, un bouclier à huit croissants disposés autour du point central. — Haut., 13 cent.

222 — Petit aryballe. — Chimère.

Trouvé à Camiros et publié par Salzmann, *Nécropole de Camiros*, pl. 28, 3.

Même technique. A la base, le bouclier à six croissants. Rehauts pourprés. — Haut., 6 cent.

223 — Petit aryballe. — Cheval au galop, conduit par un homme nu, armé de cnémides et d'une lance. Devant lui, trois hoplites (à gauche) armés de rondaches (*épisèmes :* aigle au vol et croissants) ; le dernier brandit sa haste. Sous l'anse, une double palmette.

Même provenance. — *Salzmann*, l. c., pl. 55, 1.

Même technique. A la base, le bouclier à six croissants. Rehauts pourprés. — Haut., 82 millim.

224 — Petit aryballe. — Buste de bouquetin terminé en queue d'oiseau. Rosaces dans le champ. — Camiros.

Même technique, un fleuron à la base. Rehauts pourprés. — Haut., 68 millim.

225 — Petit aryballe. — Serpent enroulé. — Camiros.

Même technique. Rehauts pourprés. A la base, le bouclier à six croissants. — Haut., 76 millim.

226 — Chytra d'ancien style, représentant le deuil d'Achille. Au centre du tableau, Achille ('Αχιλλεύς) est couché sur une

kliné, le dos appuyé sur un oreiller, la main gauche portée au front. Il regarde sa mère Thétis (Θετιες *sic*, rétrograde) qui, debout au pied du lit, se penche vers son fils, la main droite avancée, la gauche écartant le voile. Derrière elle, on voit Ulysse (Ὀλυσεύς, rétrograde) vêtu d'un long chiton blanc et d'un manteau rouge et noir; lui aussi semble parler à Achille, à en juger par le geste de sa main gauche. Il est suivi d'une Néréide.

Au chevet d'Achille, un vieillard à cheveux blancs et à barbe blanche s'appuie sur un bâton, et sa main droite fait le même geste que la main d'Ulysse. Ce doit être Phoinix, mais le nom inscrit au-dessus de sa tête se lit Φίνγρες. Le costume qu'il porte ressemble à celui d'Ulysse, mais son manteau est ajusté différemment. Deux Néréides se tiennent debout derrière lui.

Une paire de cnémides et un bouclier rond (*épisème :* un masque de lion, c'est-à-dire de Phobos) sont suspendus au mur. Devant le lit, dont les montants sont incrustés de doubles palmettes en ivoire, est placée une table à trois pieds, chargée de pains et de vaisselle. Un escabeau couvert d'un tapis rouge se voit sous la kliné.

L'artiste a contaminé deux scènes différentes du siège de Troie : l'ambassade des rois et la visite de Thétis, après la mort de Patrocle. La peinture est au moins du VIIe siècle. Comme sujet et comme œuvre d'art d'une époque aussi reculée, elle est extrêmement précieuse.

Trouvée à Corinthe, et publiée par M. Frœhner dans le *Jahrbuch des Arch. Instituts*, 1892, p. 25, pl. I.

Hauteur totale, 28 cent. Peinture noire sur fond orange avec rehauts blancs et rouges, détails gravés. Le tableau occupe le profil du vase, et sa bordure supérieure est formée de godrons. Au revers, deux triangles en réserve. Anse surélevée à double tige.

227 — Lécythe d'ancien style, à tableau. *Satyres et Nymphes.* Les Satyres sont au nombre de sept, les femmes n'ont pas de draperie. — Trouvé à Corinthe.

Noir sur terre orangée, rehauts blancs et rouges, graffites. Au-dessus du tableau, une frise de godrons. La base du goulot est peinte en rouge. — Haut., 142 millim.

228 — Cotyle à anses horizontales, la panse en forme de mamelle. — Onze danseuses dans des attitudes variées. Elles sont vêtues de justaucorps rouges, sans manches, et de pantalons noirs ponctués de rouge. Semis de rosaces dans le champ. — Trouvée à Athènes.

Noir et pourpre sur fond pâle. Sous les figures, une frise de damier, puis un calice de fleur et un bouton façonné. — Haut., 88 millim.; diam., 108 millim.

IV

ÉGYPTE

229 — Grand balsamaire à panse fusiforme. — Deux bouquets de lotus, séparés par deux oiseaux planant dans l'air. Le col, l'épaule, la panse et la base sont ornés de cercles rouges, alternant avec des cercles bleus ou noirs. *Cat. Aless. Castellani* (vente de Rome), n° 2.

Terre pâle. — Haut., 33 cent.

230 — Hydrie (à trois anses) de Pylon. — Deux Amours nus et armés, l'un d'un javelot, l'autre d'un arc, chassent un bouquetin à bois de cerf. Sur la frise noire qui contourne l'épaule du vase, on lit le nom de l'artiste, gravé au burin et en lettres cursives : Πύλων Ἄγωνι ἔγραψε (Ἄγων est le nom du mort, dont les cendres reposaient dans cette hydrie). Près des anses, un dauphin et un cygne volant. Au revers, une guirlande, deux dauphins et trois corymbes. Ce décor, divisé en quatre tableaux, repose sur une frise de dauphins.

Sur l'épaule, une procession de six cygnes, placés chacun au-dessus d'un feston. Autour du col, une couronne de feuilles, et à la base, un calice de fleur.

Les peintures, de style assez barbare, se détachent en noir sur la terre rouge pâle du vase. Détails gravés, touches noires sur les anses et sur la tranche de l'orifice.

Trouvé à Alexandrie, avec les vases de même fabrique décrits au 1er volume de l'*American Journal of Archaeology*. Époque de Ptolémée Philadelphe. — Haut., 32 cent.

V

GRANDE-GRÈCE

231 — Lécythe. — Éros androgyne assis (à droite) sur un autel carré et tenant à la main droite levée une couronne de feuillage. Il est dépourvu de tout vêtement; ses jambes sont croisées, ses pieds chaussés de souliers blancs, ses cheveux noués en chignon. Sa main gauche repose sur le genou. — Couleurs d'applique.

On ignore toujours la signification précise de l'Éros androgyne, qui figure sur un grand nombre de vases de la Grande-Grèce, mais, au point de vue de l'art, celui-ci est certainement le plus beau qu'on ait rencontré jusqu'ici. Les vases peints à couleurs d'applique sont d'ailleurs très rares, aussi bien en Italie qu'en Grèce, et ce n'est que dans ces dernières années qu'on en a signalé quelques-uns. Ceux d'Italie sont généralement d'un art grossier, très inférieur au petit tableau que nous avons sous les yeux, et où le peintre a poussé l'exactitude et la patience jusqu'à indiquer le modelé des chairs au moyen de rehauts blancs. — Trouvé à Tarente.

Peinture rouge et blanche sur fond noir brillant; détails jaunes; l'autel est graffité. Sous le sujet, une longue ligne ondulée blanche. — Haut., 208 millim.

232 — Péliké. — Dionysos jeune, tenant Ariane dans ses bras, est couché, à gauche, sur une kliné, la tête et le buste de face. Il s'accoude sur les oreillers du lit et enlace de ses deux bras Ariane, qui est couchée sur le dos, le bras

droit levé et replié au-dessus de la tête du dieu, la bouche rapprochée des lèvres de Dionysos pour l'embrasser. Ce groupe est d'une beauté de dessin vraiment remarquable. Dans le haut, l'Éros hermaphrodite est assis sur une branche fleurie et tient une palme parée d'une bandelette. A gauche, une femme drapée, assise sur une colline, met une ténie à son front; à droite, une femme debout porte un coffret ouvert et une couronne de laurier; dans le bas, décor floral.

Revers : Femme assise sur un siège (à gauche) et se regardant dans un miroir. Devant elle, un éphèbe debout, qui lui pose une couronne sur la tête; derrière elle, une femme drapée, ajustant son manteau. L'éphèbe, appuyé sur un bâton, a le haut du corps nu. — Trouvée à Tarente.

Haut., 425 millim. — Palmettes sous les anses; sur le col, palmettes et oves; dans le bas, une ligne de *grecques* alternant avec des damiers. — Rehauts blancs et jaunes.

233 — Canthare doré, d'un beau galbe, le bas de la panse godronné, le pied et l'orifice ornés de moulures, les anses à deux tiges surélevées et repliées vers le vase. L'intérieur est peint en rouge, à l'exception des lèvres, qui sont dorées comme toute la surface du canthare. Le bas du pied est également colorié en rouge. — Capoue. — Haut., 167 millim.

VI

CHYPRE

234 — Vase à trois anses, dans le style de la poterie de Mycènes. Panse pomiforme, se rétrécissant vers la base, qui est peinte en noir, avec quelques cercles noirs en réserve. Sur l'épaule, trois réseaux, séparés par les anses. Cercles concentriques au sommet de la panse, à la naissance du goulot et sur le rebord de l'orifice.

Terre pâle. — Haut., 185 millim.

235 — Askos à décor géométral (entrelacs), trouvé à Parasolia (près Larnaka) avec le petit vase émaillé à double tête, nº 238.

Noir sur terre blanche. — Diam., 11 cent.

236 — Quatre fragments d'un vase de style primitif, représentant l'adoration d'Hathor. — Au milieu, la tête colossale de la déesse, de face sur un chapiteau, le diadème orné de trois rosaces, les cheveux bouclés. A gauche, un homme drapé, tenant une antilope en laisse. A droite, deux adorants, dont le premier porte un long bâton. Les manteaux de ces trois hommes ont des galons brodés. Du registre inférieur, il ne subsiste qu'une grande fleur de lotus. Sur l'un des autres fragments, on voit une tête d'Hathor peinte dans un carré, et d'un style différent.

Terre pâle, peinture noire et violette, graffites. — Haut., 145 millim.

237 — Hydrie chypriote à trois anses, portant le nom de

Timokles. — Sur le devant, une ténie brodée, repliée sur les anses latérales et disposée en feston. Elle a pour décor deux hippocampes et quatre dauphins, peints en blanc sur fond noir (passé au rouge à reflets vert émeraude), entre une double bordure de corymbes. Au-dessus de la ténie, un cep de vigne chargé de grappes de raisin et peint en noir et en blanc sur la terre pâle du vase. Au-dessus de l'anse gauche, on lit un nom propre, gravé à la pointe en lettres chypriotes (de gauche à droite), *ti-mo-ke-le-si* (Τιμοκλῆς).

Au revers, une couronne d'olivier ; sur l'épaule et autour du col, couronnes de feuilles et de fleurs ; sur l'anse postérieure, plate et à triple nervure, un décor radié. Le galbe du vase est d'une pureté de lignes superbe.

Trouvée à Arsinoé de Chypre (*Polis tis Chrysochou*) et citée dans le *Journal of Hellenic Studies,* t. XI, 79. — Haut., 38 cent.

VII

POTERIE ÉMAILLÉE

Les objets décrits sous les nos 238 à 248, sept vases et trois figurines, sont des imitations de la poterie émaillée de l'Égypte. On les trouve surtout dans les îles de la Méditerranée, et ils doivent avoir été fabriqués, à une époque assez reculée, dans le voisinage immédiat de l'Égypte. Jusqu'ici, et d'un commun accord, on les attribuait aux Phéniciens. Il est plus vraisemblable qu'ils viennent de la colonie grecque de Naukratis,

238 — Petit aryballe, façonné en double tête, celle d'un homme à barbe cunéiforme, voilé du *klaft*, et celle d'un nègre aux cheveux crépus. Un flacon tout pareil, provenant de Camiros, se voit au *British Museum.*

Trouvé près du village de Parasolia (aux environs de Larnaka), Chypre.

Terre émaillée vert pâle. — Haut., 47 millim.

239 — Aryballe en forme de tête d'Hercule, d'ancien style, couverte de la peau de lion, la barbe taillée en coin. Un vase semblable a été trouvé à Tharros, en Sardaigne (*Bull. arch. Sardo*, t. II, 83). — Égine.

Terre émaillée blanche à rehauts bruns. — Haut., 55 millim.

240 — Aryballe en forme de tête de Fleuve. Barbiche taillée en pointe, cornes de taureau aux tempes. — Italie.

Émail vert pâle, goulot brisé. — Haut., 5 cent.

241 — Aryballe en forme de porc-épic. — Égine.
Terre émaillée blanche. — Haut., 55 millim.

242-243 — Deux autres, à émail vert. Trouvés en Égypte.— Haut., 45 millim.

244 — Aryballe en forme de poisson.
Émail blanc à rehauts bruns. — Haut., 5 cent.

245 — Joueuse de lyre, agenouillée de face. Vêtue de la *schenti* égyptienne, elle a le dos appuyé contre un pilastre et porte sa lyre au bras gauche, pendant que sa main droite manie le *plektron*. — Égine.
Émail blanc, rehauts noirs. — Haut., 72 millim.

246 — Femme agenouillée, tenant de ses deux mains un barillet qui doit être un instrument de musique, peut-être un tambour. Ses cheveux sont peints en brun, et sa *schenti* est bordée de brun. — Égine.
Émail vert. — Haut., 82 millim.

247 — Hippopotame. Même provenance.
Émail blanc, rehauts bruns. Base plate. — Haut., 4 cent.

248 — Vase égyptien décoré de reliefs. La panse, de forme sphérique, est divisée en plusieurs frises et munie de trois appliques (têtes de Bisou) qui remplacent les anses Autour de l'orifice, une couronne de fleurs de lotus; puis, successivement, un rang de caissons ornés de rosaces, trois oies volant à gauche entre des fleurs de lotus, et enfin deux frises feuillagées.
Émail vert pâle. — Haut., 104 millim.

VIII

VASES A DÉCOR PLASTIQUE

249-250 — Deux balsamaires phéniciens, dont la partie supérieure est façonnée en buste d'Astarté, le bras gauche pendant et tenant au corps, l'autre replié sur la poitrine. La déesse est voilée du klaft et momiforme. — Trouvés à Thèbes.

Terre pâle. — Haut., 252 millim.

251 — Balsamaire phénicien en forme de figurine. C'est Astarté debout, le pied gauche un peu avancé sur l'autre, le bras gauche pendant et collé au corps, l'autre replié sur la poitrine et tenant un lièvre. La déesse est vêtue d'un long chiton rouge à bordure noire et verte ; sa tête est coiffée d'un boisseau qui sert de goulot au vase, ses cheveux retombent en boucles sur le dos et sur la poitrine. Base plate, peinte en noir.

La provenance de cette figurine (Corinthe) et la conservation de ses couleurs la rendent doublement intéressante.

Terre rouge pâle. — Haut., 238 millim.

252 — Petit vase de style primitif, en forme de porc, les yeux et le corps incrustés de pâtes de verre. Comme procédé de fabrication, ce morceau est absolument unique. Les pâtes sont serties dans des cloisons ; elles simulent l'émeraude, le cristal de roche et le lapis-

lazuli. Le groin du porc fait office de goulot, et un trou est percé dans le dos de l'animal. — Camiros.

Terre rouge. — Haut., 55 millim.; larg., 9 cent.

253 — Gobelet façonné en tête de mouette. Les plumes sur le front sont gravées au burin et peintes en noir. Sous l'orifice, une frise étroite, représentant des cygnes, des bouquetins paissant, des lions et un sanglier, en style corinthien. L'orifice porte, sur ses deux faces, un filet rouge. — Trouvé à Chiusi.

Peinture noire sur fond pâle, rehauts de pourpre. — Haut., 125 millim.

254 — Aryballe en forme de tête d'Hercule (d'ancien style), imberbe, coiffé de la peau de lion et tirant la langue. — Corinthe.

Ton de chair; les lèvres et la langue peintes en rouge, les yeux en blanc et en noir, les dents de lion en blanc. Décor géométral sur le rebord de l'orifice et sur l'anse. — Haut., 85 millim.

255 — Aryballe d'ancien style, en forme de tête casquée. Le frontal du casque est paré d'une palmette, les couvre-joues sont rabattus, le garde-nuque, très large, est muni d'un rebord.

Peinture noire, avec rehauts rouges et blancs. Le visage du guerrier montre seul la couleur de l'argile; mais les yeux, les sourcils et les moustaches sont coloriés, les garde-joues bordés d'une bande blanche et d'une ligne rouge, ses charnières indiquées au moyen de points blancs. La palmette a été gravée au burin et le rebord du goulot orné de points rouges.

Trouvé en Grèce. — Voir la *Gazette archéologique*, t. VI, pl. 28.

Haut., 7 cent.

256 — Aryballe d'ancien style, en forme de tête de femme (*Aphrodite*) aux cheveux bouclés et ceints d'une bandelette rouge. — Crète.

Terre jaune ; les cheveux, les contours des yeux et les sourcils sont peints en noir, l'iris est incisé ; couronne radiée sur le rebord du goulot. — Haut., 66 millim.

257 — Grand Askos en forme de bélier couché. La toison de l'animal et son collier sont en relief et, de même que la tête, ont la couleur naturelle de l'argile ; les cornes étaient dorées. — Belle époque de l'ancien style. — Trouvé en Italie.

Anse et goulot vernissés de noir. — Haut., 14 cent. ; larg., 21 cent.

258 — Amphorisque en forme de tête de femme d'ancien style. Les cheveux sont étagés, au-dessus du front, en quatre rangs de bouclettes, les yeux et les sourcils sont peints en noir, les chairs coloriées en jaune-orange, la bouche est peinte en rouge et l'iris des yeux est gravé à la pointe. — Attique.

Peinture noire. — Haut., 11 cent.

259 — Canthare formé de deux masques accolés. D'un côté, un masque de Satyre d'ancien style, couronné de lierre, la barbe longue, plate et taillée en éventail, les moustaches pendantes, la bouche ouverte et montrant deux rangées de dents. Au revers, un masque de femme, aux cheveux ondulés. — Trouvé à Nola.

Peinture noire sur fond jaune, rehauts rouges et blancs, détails finement gravés. Sur la panse du vase, au-dessus de la tête de femme, un rameau de lierre. — Haut., 192 millim.

260 — Canthare formé de deux masques, l'un d'un Satyre d'ancien style, l'autre d'une Nymphe. Le Satyre a les moustaches rouges, la barbe noire, très proéminente et s'arrondissant en éventail ; ses lèvres sont entr'ouvertes, ses cheveux et sa barbe frisés. La Nymphe a les cheveux ondulés et en relief.

Deux sujets peints (ve siècle) décorent le col du vase : 1) Éphèbe drapé et couché, à gauche, sur deux oreillers. La tête ceinte d'un bandeau, la poitrine à demi nue, il étend son bras droit vers une pannetière suspendue au mur. Au-dessus des oreillers, un paquet de strigiles (?). 2) Éphèbe couché, tenant à sa main droite un vase à boire. A ses pieds, une amphore à légende fictive.

Les masques sont coloriés d'un rouge vif, les peintures du col se détachent en rouge sur le vernis noir luisant. — Trouvé à Capoue.

Publié dans le *Catalogue H. Hoffmann*, n° 328 (pl. XXI).

Haut., 173 millim. — Rehauts blancs, détails gravés.

261 — Amphorisque d'ancien style, en forme de phallus. — Au revers, un bucrâne en relief, vernissé de noir (les yeux et les poils gravés) et se détachant vigoureusement sur un fond orangé brillant. Dans le haut, et sur la tranche du rebord de l'orifice, une frise de *grecques*. Sur l'épaule du vase, deux élégantes palmettes ; sur le plat du rebord du goulot, deux autres palmettes accostées de fleurs de lotus, et deux corymbes. — Commencement du ve siècle.

Dans l'antiquité, le phallus et le bucrâne servaient de talismans. L'objet est d'un très beau style et d'une fraîcheur de coloris exceptionnelle. — *Catalogue Albert Barre*, n° 354. — *Catalogue Eugène Piot*, p. 33.

Haut., 11 cent. — Les anses et le goulot sont peints en noir.

262 — Petit lécythe d'ancien style, en forme de tête de bélier. Les yeux, les cornes et le haut de la tête sont peints en jaune, le reste est en vernis noir brillant; la laine a été indiquée par un semis de globules en relief. — ve siècle. Trouvé à Agrigente (Sicile).

Haut., 113 millim.

263 — Lécythe en forme de tête d'Athéné. La déesse a de longs cheveux bouclés, d'un rouge brun. Son casque, également colorié de rouge, a, sur le devant, la forme d'une stéphané, avec un bijou d'or au centre et deux ailes d'oiseau, peintes en bleu. Les chairs sont enduites d'émail blanc. — Beau style, encore un peu archaïque. — Attique.

Le revers du vase, avec l'anse et le goulot, est peint en noir. — Haut., 12 cent.

264 — Amphorisque, composé de trois coquilles de Saint-Jacques. Goulot en entonnoir, recouvert de vernis noir; sur le rebord, la légende : ho παῖς καλός:, peinte en noir sur terre pâle.

Sur un fragment de vase, pareil à celui-ci et trouvé à Athènes, on lit le nom d'artiste *Phintias* (*Ephemeris arch.*, 1885, pl. IX), écrit à la même place, en lettres du même alphabet, espacées de la même façon, mais les mots séparés par trois points, tandis qu'ici on n'en voit que deux.

Haut., 77 millim. — Les coquilles sont peintes en blanc et ornées de quelques cercles noirs.

265 — Amphorisque en forme de coquille bivalve. — Lignes noires, tracées horizontalement et alternant avec des bandes blanches. La coquille était un des symboles d'Aphrodite. — Attique.

Haut., 77 millim.

266 — Aryballe ayant la forme d'un pied humain, le pied gauche, chaussé d'une sandale. Il est peint en rouge, et les cordons de la chaussure le couvrent comme d'un réseau. — Attique.

Terre jaune, anse plate. — Haut., 74 millim.

267 — Fragment d'un vase à décor plastique. — Masque de femme diadémée et voilée, de style sévère, les cheveux ondulés, l'oreille parée d'une breloque en forme de fleuron. — Chypre.

Terre pâle. — Haut., 9 cent.

268 — Petite Œnochoé. — Tête de Dionysos barbu, ceinte d'une ténie frontale, de feuilles de lierre bleues et de corymbes rouges. Style sévère, type du Dionysos du Vatican, connu sous le nom de Sardanapale, à cette différence que la barbe est plus arrondie. — Attique.

Le corps du vase est peint en noir. — Haut., 78 millim.

269 — Lécythe. — Tête de Silène, parée d'une couronne de fleurs, le front ridé, la barbe bouclée et équarrie. Elle présente le même type que celle de la collection Sabouroff, pl. 59. — Tanagra.

Le corps du vase est peint en brun. — Haut., 95 millim.

270 — Grand rhyton en forme de tête de bélier, du plus beau style grec. La tête est peinte en jaune pâle, les yeux et les oreilles sont coloriés de blanc et de noir, la laine est indiquée par des points saillants, peints en rouge. Autour de l'orifice, on a représenté deux danseuses en chiton court, allongeant les bras horizontalement, et, entre elles, mais séparé par deux élégantes palmettes, un jeune joueur de double flûte, drapé dans un long

chiton d'une étoffe ponctuée. Ces figures se détachent en rouge sur un fond noir brillant.

Trouvé à Arsinoé (l'ancienne Marium) de Chypre, en 1886. — Publié dans *Harper's Weekly*, t. XXXI, 408 (n° du 4 juin 1887).

Haut., 22 cent.

271 — Rhyton en forme de tête de cerf. Les yeux, les narines, l'intérieur des oreilles et les ramures (en relief) présentent la couleur naturelle de l'argile. Le col est orné de trois palmettes rouges, de quelques annelets et d'une frise d'oves. Vernis noir brillant.

Beau style grec et conservation exceptionnelle. — Trouvé à Capoue.

Haut., 242 millim.

272 — Torse de jeune fille drapée. Debout et fléchissant le genou gauche, elle est vêtue d'un peplos à double *apoptygma*, dépourvu de manches, mais serré à la ceinture et ouvert sur le flanc droit. Ce fut le costume des Athéniennes du ve siècle. Un lemnisque de couronne adhère à l'épaule droite.

Cette terre cuite, une des plus belles qui existent, faisait partie d'un vase peint à décor plastique. Elle a été publiée par M. Frœhner, dans ses *Terres cuites d'Asie de la collection Gréau*, t. II, pl. 56, et au *Catalogue Gréau*, n° 737. — Smyrne.

Terre pâle. Au revers, les restes d'un groupe de palmettes rouges sur fond noir. — Haut., 15 cent.

273 — Aryballe orné de figures en relief polychrome et doré. — Éros adolescent, nu, allant à g. et tenant une patère et un thymiaterion. Devant lui, une femme drapée, assise et se penchant vers lui, la main gauche tendue en

avant. Derrière lui, une femme assise à gauche, drapée, la tête ceinte d'une bandelette, la main droite avancée et tenant un collier de perles. Au-dessus du groupe, quelques rosaces en relief doré.

Beau style du IVe siècle; exécution d'une finesse admirable. — Trouvé à Athènes.

Haut., 12 cent. — Traces de couleur partout. Palmettes rouges sous l'anse.

274 — Aryballe orné d'un sujet en relief. — Une femme voilée, assise (à gauche), met de l'encens sur un thymiaterion. Un sphinx décore le montant de son siège. Devant elle, un homme et une femme voilée sont assis sur un même trône et se tiennent enlacés. Derrière ce groupe, une femme voilée debout. — Trouvé à Apollonia de Thrace, avec les vases décrits sous les nos 98 et 99.

Haut., 20 cent. — Quatre petites rosaces en relief sont appliquées à la base du goulot, qui est orné de godrons. Palmettes rouges sous l'anse.

275 — Amphorisque en forme d'amande. De chaque côté, un Éros enfant nu, debout et portant un coffret et une ténie. — Athènes.

Peinture rouge sur fond brun. — Haut., 96 millim.

276 — Même forme. Le corps du vase présente la couleur naturelle de la terre; les rugosités de l'amande sont rendues au moyen d'un pointillé. — Trouvé à Kertsch.

Anses et goulot vernissés de noir. — Haut., 102 millim.

277 — Petite œnochoé, ornée, sur le devant, d'un beau groupe en relief, qui représente un enfant nu, portant une colombe au bras droit. L'enfant, aux cheveux d'or, est placé de face; courant vers la gauche, il étend son bras

gauche et se retourne vers un petit chien qui saute après lui.

Le corps de l'enfant est peint en couleur de chair et enduit d'une glaçure, à laquelle il doit sa merveilleuse fraîcheur de conservation. Il se détache sur un fond découpé, peint en jaune et ressemblant à un assemblage de trois valves de coquilles. Les coquilles reposent sur une double base, rouge et gris-bleu, et sur leurs bords sont piquées quelques feuilles d'arbre. Au-dessus du groupe règne une espèce de baldaquin rond, peint en jaune et bordé d'une double frise de dentelures.

Trouvée à Tanagra. — Publiée au *Catalogue H. Hoffmann*, p. 19.

Base plate, oblongue. Les yeux, les sourcils et les lèvres de l'enfant sont marqués au pinceau, la colombe est peinte en blanc. Le revers, l'anse et le goulot sont enduits d'un vernis noir. — Haut., 165 millim.

278 — Lécythe façonné en Éros d'ancien style. Le dieu se présente de face, les ailes arrondies et redressées, la tête couronnée de fleurs, voilée et coiffée d'un boisseau. Ses cheveux descendent en boucles sur les épaules, et au-dessus de son front on distingue un bijou. La main droite abaissée et le bras gauche replié retiennent la chlamyde qui sert de fond à la figurine. — Pirée.

Goulot peint en brun. — Haut., 13 cent.

279 — Lécythe en forme de groupe. Le groupe représente l'enlèvement de Ganymède par l'aigle de Zeus. Ganymède est diadémé, en chiton court, serré à la ceinture et garni de manches. De face, entre une grande amphore à vin et un thymiaterion, il lève les deux bras pour s'accrocher au col de l'aigle qui le saisit par derrière, les ailes déployées. Sur toute la surface du groupe on distingue des traces de

couleur; le vêtement de l'enfant était peint en bleu, son diadème doré; les ailes de l'aigle sont également coloriées en bleu et le thymiaterion était de couleur jaune. Un calice de fleur rouge, orné de rosaces, rattache le groupe à la panse du vase. — Attique.

Revers peint en noir; base ronde, moulurée. — Haut., 144 millim.

280 — Petite œnochoé, façonnée en groupe. — L'enfant Dionysos, vêtu d'une longue chlamyde, qui laisse à découvert le bras droit et une partie du pectoral, est assis, à la manière des femmes, sur la panthère bachique, qui se dirige lentement vers la gauche. Le jeune dieu est coiffé d'un diadème élevé ; ses cheveux bouclés retombent sur ses épaules ; sa main droite tient une grappe de raisin, autrefois dorée. Derrière le groupe, on voit quelques feuilles peintes en bleu. — Attique.

Le corps du vase est peint en brun. — Haut., 77 millim.

281 — Petit lécythe en forme de figurine. — Cygne blanc nageant à droite. — Trouvé en Grèce.

Vernis brun. — Haut., 83 millim.

282 — Petite œnochoé en forme de Dionysos enfant, nu, accroupi (à gauche) sur sa chlamyde, la tête ceinte de feuilles de lierre. — Corinthe.

Vernis brun. Base oblongue. — Haut., 65 millim.

283 — Petit lécythe façonné en figurine. — Enfant accroupi, couronné de fleurs, les jambes couvertes d'une chlamyde rose, le bras droit levé. Un lapin se place debout devant lui, et la main gauche de l'enfant caresse un dindon. — Corinthe.

Ton de chair, le lapin colorié en jaune, le dindon en

blanc, la couronne de fleurs en vert pâle, etc. Vernis brun, base plate. — Haut., 64 millim.

284 — Lécythe façonné en tête de vieille femme, le visage grotesque, les yeux à fleur de tête, la bouche ouverte en entonnoir, les oreilles parées de rosaces dorées. C'est un masque de la comédie grecque. — Corinthe.

Ton de chair, cheveux gris, les yeux blanc et noir. Vernis brun, décor radié sur le rebord du goulot. — Haut., 77 millim.

285 — Petit lécythe doré. Sur le devant, un enfant bachique, de face, tient à la main droite abaissée une grappe de raisin. L'enfant est diadémé, paré de lierre en fleur et vêtu d'une chlamyde qui laisse à découvert la poitrine et le bras droit. Autour, six rosaces dorées. — Corinthe.

Ton de chair, etc. Fond bleu, diadème doré, vernis brun. Base ronde et moulurée. — Haut., 122 millim.

286 — Œnochoé. — Sur le devant, un Éros adolescent, coiffé d'un bonnet phrygien, est assis sur un dauphin. Ailes déployées, jambes croisées et couvertes d'une chlamyde, main droite abaissée, l'autre levée et tenant un attribut (brisé). — Tanagra.

Coloration usuelle, les ailes peintes en bleu; vernis brun, base ronde et moulurée. — Haut., 22 cent.

287 — Œnochoé. — Enfant bachique nu, couronné de lierre et couché, à droite, sur une base elliptique, accostée de deux feuilles de chêne. Le buste et la tête de l'enfant se tournent de face, et ses bras s'appuient sur la base, cou-

verte d'une chlamyde blanche. Sur le devant, quatre rosaces dorées. — Tanagra.

Émail blanc à glaçure, base plate, vernis brun. — Haut., 111 millim.

288 — Œnochoé. — Fond cintré et bordé d'un cep de vigne. Au premier plan, l'enfant Dionysos, assis sur une panthère femelle, qui marche vers la gauche, langue pendante. L'enfant cueille une des grappes du cep de vigne, pour en exprimer le jus dans un canthare placé devant lui. Il est chaussé de brodequins et porte sa chlamyde sur le dos. — Tanagra.

Peinture usuelle, vernis brun ; base ovale moulurée, appuyée sur une base plate. — Haut., 17 cent.

289 — Lécythe. — Aphrodite debout, tenant une pomme à sa main droite. Elle a le buste et les bras nus, son manteau se déployant en nimbe derrière le dos. — Tanagra.

Base ronde et moulurée, traces d'engobe, vernis noir. — Haut., 197 millim.

290 — Lécythe italiote en forme de pyxis. Devant le goulot, un buste émaillé de Niké, en ronde bosse. La déesse a les ailes arrondies et relevées. Vêtue d'un chiton, qui laisse les bras nus, elle porte des fruits dans le pli de son himation et tient à sa main droite une pomme.

Fabrique de Canouse. Les couleurs de l'émail sont le jaune et le bleu. Le goulot et la moitié supérieure de l'anse sont peints en noir.

Haut., 185 millim.

291 — Rhyton soutenu par un groupe plastique qui représente un nègre dévoré par un crocodile. Le crocodile, peint en vert de mer, a les yeux et la gueule rouges, les

dents blanches, la queue enroulée ; il mord le bras droit du nègre, en même temps que de ses pattes puissantes, il étreint vigoureusement sa proie et lui enfonce ses ongles dans les chairs. Le nègre a la jambe gauche pliée, le genou droit en terre; son bras gauche pend inerte, son visage se contracte, et il semble pousser des cris de douleur et de terreur.

Le décor du rhyton proprement dit est divisé en deux frises. Dans le haut, deux Silènes nus sont poursuivis par deux Bacchantes drapées, coiffées de bonnets et armées de thyrses. Le premier Silène prend la fuite en allongeant le bras droit; le second s'agenouille et semble implorer sa grâce. Dans le bas, de chaque côté, un Silène nu grimpe sur le dos du crocodile. C'est la note comique de ces scènes émouvantes. Une bordure de méandres, alternant avec des croisettes, sépare les deux registres.

Trouvé à Capoue.

Les sujets égyptiens traités par des artistes grecs sont rares ; c'est précisément aux environs de Capoue qu'on en trouve le plus grand nombre.

Le nègre, peint en noir, se détache sur un fond jaune pâle ; ses lèvres sont coloriées en rouge, ses dents et la cornée de ses yeux sont blanches. — Les figures bachiques sont peintes en rouge sur fond noir. — Vernis brillant. — Base plate, décrivant un ovale irrégulier ; elle est enduite d'un vernis noir. — Haut., 255 millim.; larg., 245 millim.

292 — Askos en forme de négrillon accroupi, coiffé d'une peau de bête et pressant de sa main gauche le col d'une outre pour remplir un skyphos godronné qu'il tient à sa main droite. — Italie.

Vernis noir. — Haut., 106 millim.

293 — Askos en forme de nègre agenouillé et écrasant des fruits dans un van muni, à sa tranche antérieure, de quatre déversoirs. — Grèce.

Vernis noir. — Anse en forme de nœud. — Haut., 82 millim.

294 — Lécythe en forme de verrat saillissant une truie. — Égypte.

Vernis noir, le goulot refait en plâtre. — Haut., 72 millim.

295 — Grand lécythe en forme de buste d'Isis. Cheveux calamistrés, chiton laissant le col à découvert, fleuron sur le devant du goulot qui représente le boisseau. — Chypre.

Terre rouge pâle avec traces de vernis noir. — Haut., 244 millim.

296 — Pyxis alexandrine, le couvercle orné à la fois de peintures et de reliefs, ces derniers en pastillage polychrome et doré. — Il représente une scène d'intérieur : des femmes à leur toilette. A gauche, une femme assise sur un siège doré, vêtue d'un chiton et d'un himation rose tendre, tient d'une main une patère dorée, de l'autre un bijou ou un balsamaire. Derrière elle, on aperçoit les ailes et le pied d'un Éros (brisé). Devant elle, une femme drapée, qui marche vers la droite, la tête retournée, et qui porte un coffret et une ténie. Elle est parée d'un collier de perles.

Le second groupe se compose d'un Éros vêtu d'une chlamyde blanche et courant après une femme qui porte un coffret. Celle-ci est drapée dans un chiton blanc et un manteau violet à doublure bleue. Elle a le bras droit levé, et retourne la tête en arrière.

Plus loin, une femme couronnée de feuilles tient, elle aussi, une cassette, en suivant un petit Éros qui tend ses bras vers une femme assise et se disposant à prendre la cassette.

Sur le rebord, une ligne d'oves.

On ne connaît, jusqu'ici, aucune autre pyxide, dont le décor peint alterne avec des figurines en relief. — Beau style, dessin sommaire. — Trouvée en Égypte.

Peinture rouge sur fond noir ; un tiers du couvercle et toute la boîte sont refaits en plâtre. — Diam., 21 cent.

297 — Grande lampe à trois becs, le dessus façonné en masque de Satyre barbu, les cheveux hérissés sur le front, la bouche grimaçante et laissant entrevoir la langue. — Grèce propre.

Ton de chair, etc. Vernis brun. — Larg., 18 cent.

298 — Lampe. — Le dessus, en ronde bosse, représente une souris couchée, dont la queue sert de poignée. — Alexandrie.

Terre rouge. — Larg., 8 cent.

299 — Coupe de Mégare. — La panse, de forme hémisphérique, est toute couverte de reliefs, d'une finesse remarquable. A l'omphale, la tête de face de l'Athéné Parthenos de Phidias, avec son casque à triple cimier et son collier de perles ; puis un rang de feuilles de pin et de palmettes entre lesquelles sont placés des cygnes affrontés. Plus haut, une frise de masques scéniques alternant avec des masques de Silènes à longues barbes carrées ; enfin une triple frise d'entrelacs. Tout ce décor s'obtenait au moyen d'un moule, mais rarement avec la netteté qui est une des qualités de ce vase.

Terre rouge pâle. — Diam., 105 millim.

300 — Coupe à reliefs, représentant des scènes de l'*Iphigénie d'Euripide*. — Ces scènes sont au nombre de cinq :

1) Agamemnon ('Αγαμέμνων), assis de face sur un trône, la tête appuyée sur le bras droit, le pied posé sur un tabouret. Devant lui (à la gauche du spectateur), Iphigénie ('Ιφιγένεια) debout et les bras tendus vers lui. C'est le moment où la jeune fille, toute joyeuse de revoir son père, lui dit (v. 644) : ὡς οὐ βλέπεις ἕκηλον ἄσμενός μ' ἰδών (*tu me vois avec plaisir, et ton regard est soucieux*). Derrière elle, on voit Clytémestre (Κλυταιμήστρα) qui se retourne vers le petit Oreste ('Ορέστης) suppliant ; et au-dessus de l'enfant, on lit les mots : Εὐριπίδου 'Ιφιγενείας (scènes tirées de l'*Iphigénie d'Euripide*).

2) Premier dialogue entre Clytémestre (Κλυταιμήστρα) et Achille ('Αχιλλεύς). La reine est voilée, Achille vêtu d'une chlamyde courte. Clytémestre le regarde comme son gendre, et il marque son étonnement de ne rien savoir d'un projet de mariage.

3) Dialogue entre Clytémestre (Κλυταιμήστρα) et le vieux serviteur (πρέσσβυς, *sic*) qui lui révèle les desseins secrets d'Agamemnon.

4) Achille ('Αχιλλεύς) paraît, armé d'une lance, pour défendre la jeune fille. Iphigénie ('Ιφιγένεια) veut fuir, mais sa mère (Κλυταιμήστρα) la retient (v. 1341) : τί δὲ σὺ φεύγεις, τέκνον (*pourquoi fuis-tu, mon enfant ?*).

5) Agamemnon ('Αγαμέμνων), voilé, est debout entre sa femme (Κλυταιμήστρα) qui se détourne en pleurant, et sa fille ('Ιφιγένεια) qui demande grâce pour sa vie. Iphigénie dit (v. 1218) : μή μ' ἀπολέσῃς ἄωρον, ἡδὺ γὰρ τὸ φῶς λεύσσειν (*ne me fais pas périr avant l'heure ; c'est si doux de voir la lumière*). Le petit Oreste se joint aux supplications de sa sœur.

Dans le texte d'Euripide, ces deux dernières scènes sont interverties.

On voit que l'artiste n'a choisi que des motifs se rapportant directement à Iphigénie ; toute l'introduction de la pièce, c'est-à-dire toute la première moitié, a été supprimée. Les cinq tableaux ne représentent pas non plus des scènes entières, de plusieurs centaines de vers, comme on l'a prétendu ; ils fixent des situations qui ne dépassent pas la durée d'un vers ou de deux.

Trouvée en Béotie, décrite dans la *Classical Review*, 1888, n° 10, dans l'Indicateur du *Jahrbuch des Arch. Instituts*, 1889, p. 119, et publiée par M. Robert, *50tes Berliner Winckelmannsprogramm*, p. 51.

Couverte brune, fleuron en relief sous le pied. — Haut., 72 millim.; diam., 13 cent.

301 — Coupe sigillée, représentant des scènes de la *Petite Iliade* de Leschès :

1) Hector combattant un jeune hoplite grec.

2) Deux hoplites combattant ; entre eux, le corps d'un hoplite mort.

3) Guerrier relevant un camarade blessé.

Inscription en six lignes :

[κατὰ ποιητὴν Λέσχην]
ἐκ τῆς μικρᾶς Ἰλιάδος
Ἕκτωρ καὶ οἱ σύμμα[χοι]
μείξαντες πρὸς
τοὺς Ἀχαιοὺς
μάχην.

(D'après le poète Leschès; tiré *de la « Petite Iliade ». Hector et les alliés combattent les Achéens.)*

Trouvée à Anthédon (de Béotie) et publiée par Robert, *l. c.*, p. 30 (qui n'a pu déchiffrer le commencement de la 3e ligne de l'inscription).

Terre jaune, couverte brune. Bordures perlées. Fleuron à la base. — Les parties manquantes ont été refaites en plâtre. — Haut., 76 millim.; diam., 138 millim.

302 — Coupe sigillée, représentant des épisodes de la guerre de Troie.

1) Achille ('Αχ[ιλλεύ]ς) assis, de face, dans sa tente, les pieds sur un tabouret, le haut du corps nu, une lance au bras gauche. Devant lui, Priam (Πρίαμος), agenouillé à gauche, coiffé d'un bonnet phrygien, un sceptre au bras gauche; sa main droite s'avance suppliante vers Achille. C'est l'épisode de la rançon raconté dans le dernier chant de l'Iliade.

2) Colonne plantée sur un tumulus qui porte l'inscription : τάφος Ἕκτορος *(tombeau d'Hector)*. La reine des Amazones, Penthésilée ([Πεν]θεσιλί[α]), venue au secours des Troyens, donne la main à Priam ([Πρία]μος). Le roi tient un sceptre ; Penthésilée, en chiton court et en bottines de chasse, est armée d'une bipenne et d'un grand bouclier échancré à son sommet.

3) Achille ('Αχιλλεύς) nu, combattant Penthésilée (Πενθεσιλία) qui porte sur l'épaule un arc et un carquois.

Même provenance. — Publiée par M. Robert, *l. c.*, p. 26.

Couverte brune. A la base, un fleuron cerné d'un rang d'oves. — Les parties brisées sont refaites en plâtre. — Haut., 8 cent.; diam., 125 millim.

303 — Coupe à reliefs peints et dorés, avec son couvercle.

La panse se divise en sept panneaux séparés par des pilastres cannelés. On y voit :

1) Kronos (Κρόνος) et Rhea (Ῥέα), debout et de face, la déesse à la droite de Kronos. Celui-ci est barbu et drapé dans son manteau qui n'enveloppe que les jambes. Il pose sa main droite sur l'épaule de Rhea ; son aisselle gauche s'appuie sur un long bâton autour duquel s'enroule un serpent. Rhea porte sur sa tête une couronne (murale ?) et à sa main droite pendante une clef. Le manteau lui sert de voile.

2) Zeus (Ζεύς, le Ζ retourné), assis sur un siège sans dossier, le haut du corps nu, l'aigle sur la main droite, le foudre à la main gauche abaissée.

3) Poseidon (Ποσειδῶν) debout et de face, les bras et la poitrine à découvert. Sa main droite pendante tient un dauphin, l'autre un trident.

4) Hera (Ἥρα) debout et de face, les jambes croisées, le bras gauche sur la hanche, la main droite appuyée sur un trône placé à ses côtés.

5) Demeter (Δημήτρα) voilée, assise de face sur un trône, une faucille à la main gauche levée, à l'autre un soc de charrue.

6) Pluton (Πλούτων, l'ου en ligature) assis à droite sur un rocher, la tête et le buste tournés de face. Le dieu des Enfers est barbu, vêtu d'un manteau qui laisse la poitrine nue, et tient à la main droite pendante une clef, à la droite levée deux épis.

7) Hestia (Ἑστία) assise sur un rocher et portant sur ses genoux l'enfant Dia (Δία). La déesse est drapée et appuie sa main droite sur le siège.

Au-dessus de cette frise se développe une bordure de

points clos ; la base de la coupe est couverte de feuillage disposé autour d'un fleuron central. Les trois pieds sont façonnés en coquilles.

Couvercle, divisé en trois secteurs, qui représentent trois femmes nues et ailées, planant dans l'air. Les deux premières sonnent du buccin, la troisième joue du tambourin en se servant d'une baguette. — Tous les reliefs se détachent sur un fond bleu et portent des traces de dorure. Sur les moulures on distingue un coloris rose. — Trouvée dans l'Attique.

D'après le caractère des inscriptions, cette coupe date du commencement du IIIe siècle de notre ère. La réunion de Demeter avec Pluton fait penser aux mystères d'Eleusis. Dia, sœur de Céphale, était la mère de deux héros de dèmes attiques (Tœpffer, *Attische Genealogie*, p. 256.)

Haut., 12 cent.; diam., 184 millim.

304 — Passoire étrusque sigillée, d'ancien style, en *bucchero nero*. Sur l'anse, une déesse drapée, de face, tenant deux lions par leurs pattes de devant, et portant sur chaque épaule une chouette. — Sur le tour de la panse, cinq lionnes rampant, et sur l'orifice, trois masques imberbes, accostés de palmettes et dépassant le rebord. — La poignée est reliée au corps du vase par une anse plate.

Long., 247 millim.

305 — Coupe ornée de reliefs estampés, de la fabrique de *Cales* (en Campanie). — Autour de l'ombilic, une bordure de lis alternant avec des palmettes. Le bas-relief représente quatre fois le quadrige de Niké, galopant à gauche. Dans le premier quadrige, la déesse conduit Athéné casquée et armée d'un bouclier; dans le second, Hercule coiffé de la peau de lion et tenant une massue ; dans le troi-

sième, Arès barbu, casqué, armé d'un bouclier, le buste nu ; dans le quatrième, Dionysos jeune, tenant un thyrse et portant sa pardalide en écharpe. Derrière chaque divinité, un petit Éros plane dans l'air et tient une ténie, et chaque char est suivi d'un animal : chevreau, sanglier, cerf, serpent ailé. Une figurine nue est sculptée sur le quadrige de Dionysos, et sur la roue du même char, on lit le mot ἐπόει *(a fait)* en lettres rétrogrades. Une couronne de lierre en fleur règne au dessus du sujet.

Voir Helbig, *Bull. dell' Instituto*, 1881, p. 149-150 et 282. 1882, p. 4.

Couverte brun-noir. — Diam. 193 millim.

306 — Petite coupe sigillée, de la fabrique de Lucius Canoleius. — Autour de l'ombilic, qui est orné d'un bouton, le nom du potier : *L. Canoleius. L. f. fecit* en lettres latines du VIe siècle de Rome. Puis une couronne de rosaces et une frise représentant un combat.

Trouvée à Cervetri.

Deux anses ; couverte brun-noir. — Diam., 145 millim.

307 — Coupe de Caius Popilius.—Décor très élégant : sous l'orifice, une frise de rinceaux, puis huit compartiments séparés par des colonnettes en relief que surmontent des disques. Dans chaque panneau, un bucrâne au-dessus d'une guirlande, et dans le bas une palmette. Nom du fabricant tracé verticalement et en relief : *C. Popil(i)*, en lettres latines du VIe siècle de Rome.

Trouvée près Corchiano (arrondissement de Viterbe), et publiée par M. A. Baudrillart, *Mélanges d'archéologie*, t. IX, 288 (pl. 7, 2).

Terre rouge sans couverte. Restaurations en plâtre. — Haut., 68 millim.; diam., 93 millim.

308 — Coupe de Caius Popilius et de Mevania. — Rosace à quatre rangs de pétales ; puis une frise de quatorze compartiments (bucrânes parés de bandelettes, alternant avec des masques scéniques et des peltes d'Amazone qui sont séparées par des guirlandes). Panneaux divisés par une suite de colonnettes couronnées de disques. Au-dessus de cette frise, un cep de vigne et un rang de petits masques placés dans des guirlandes.

La marque du fabricant, en relief et en lettres latines du VIe siècle de Rome : *C. Popili Mevanie*, a paru d'autant plus curieuse qu'elle nous apprenait le domicile du potier, Mevania étant une ville de l'Ombrie. Mais, avant tout, *Mevania* est un nom de femme, vraisemblablement de celle de Popilius.

Même provenance. *Mélanges d'arch.*, t. IX, pl. 7, 1.

Terre rouge sans couverte. Restaurations en plâtre. — Haut., 58 millim.; diam., 98 millim.

309 — Askos sigillé en forme d'anneau. De chaque côté de l'anse, une Vénus couchée entre deux Amours, dont l'un joue de la lyre, tandis que l'autre tient une quenouille (?). La déesse semble endormie, et le haut de son corps est nu. Anse bordée de deux cordelés; à sa naissance, un masque de femme couronné d'une bandelette et émergeant d'un calice d'acanthe. Sous le goulot, dont l'orifice est tréflé, un masque de femme voilée.

Trouvé à Faleri.

Diam., 13 cent. — Couverte brune, bords cannelés.

310 — Canthare sigillé d'Arezzo. — Les reliefs, de beau style grec, représentent une chasse à l'ours. A l'avers, l'ours dévore le bras d'un éphèbe nu, tombé, et dont le javelot gît à terre. De chaque côté, un autre éphèbe, l'un armé d'une épée et venant au secours de son camarade; l'autre,

placé derrière l'ours et le menaçant d'un coup de bipenne. Les éphèbes n'ont pour vêtement qu'une chlamyde. Au revers, un jeune chasseur, en chlamyde courte, enfonce son épieu dans la gorge de l'ours, qui sort d'un taillis. Derrière le fauve, un éphèbe qui brandit sa bipenne.

Le nom du fabricant, réparti sur les deux faces du vase, est : *M(arci) Peren(ni) Tigr[anis]*. Voir Gamurrini, *Iscrizioni degli vasi aretini,* p. 51.

Vernis rouge brillant, les pouciers découpés et ornés de palmettes. Au-dessus du sujet, une ligne perlée. Restaurations en plâtre. — Haut., 115 millim.

II

TERRES CUITES

I

ITALIE

311 — Bas-relief étrusque, représentant un banquet. Quatre éphèbes sont accoudés à gauche sur un lit de repos et semblent se parler. Ils sont couronnés de bandelettes, vêtus du chiton sans manches et de la chlamyde. Le premier tient une coupe, le dernier une lyre et un plektron. Deux ténies sont suspendues au mur. — Bordures denticulées et deux trous de scellement.

Haut., 11 cent.; larg., 47 cent.

312 — Trois petites appliques dorées et ajourées, de style archaïque : un lion à droite et deux griffons à gauche. — Tarente.

Haut., 5 cent.; long., 10 à 11 cent.

II

GRÈCE

313 — Figurine de femme, de style primitif, le corps façonné en cloche, les bras simulés par des appendices plats, un peu relevés et incisés à leurs bords supérieurs, pour marquer les doigts. La figurine a les mamelles saillantes, le cou démesurément long et surmonté d'une double tête à physionomie d'oiseau. Les pieds étaient articulés, et leurs doigts sont indiqués également par un dentillé.

Décor géométral sur toute la surface, boucles ondulées peintes sur le cou ; sur la poitrine, un triangle quadrillé, et sur le dos, le même entre deux corymbes.

Trouvée à Thèbes.

Peinture noire sur fond orangé. La tête et le col sont perforés dans le sens de la longueur, et deux trous sont percés au bas de la cloche. — Haut. (sans les pieds), 15 cent.

314 — Figurine de même style et présentant les mêmes détails. L'absence des mamelles prouve qu'on a voulu figurer un homme. Sur chaque face, un triangle quadrillé entre deux corymbes.

Même provenance.

Haut. (sans les pieds), 11 cent.

315 — Figurine de style archaïque, représentant un menuisier. Vêtu d'une *exomis*, il est assis sur un siège bas, à quatre pieds. Sa main droite tient une scie; sa gauche, un pied de meuble, façonné au tour et placé sur deux

appuis qui tiennent éloigné du sol l'objet qu'il s'agit de scier. L'ouvrier a la tête et la barbe lisses, car c'est par la couleur qu'on indiquait les cheveux, les poils et la draperie. En effet, les chairs sont peintes en rouge foncé ; la barbe, la chevelure et le fer de la scie sont en noir ; le vêtement est blanc, tandis que l'arc de la scie, le pied de meuble et les deux appuis sont de couleur jaune.

Deux terres cuites de même style, un boulanger et un barbier, ont été publiées dans l'*Arch. Zeitung*, t. 32, pl. 14.

Terre pâle, base plate avec traces de rouge sur la tranche. — Haut., 78 millim.

316 — Figurine de même style. — Un homme nu, à la tête simiesque, est assis à terre, devant un petit plateau muni de deux anses cylindriques et d'un déversoir. L'homme simiesque, dont le buste est façonné en colonne, tient ce plateau entre ses jambes, qui sont d'une maigreur extrême, en même temps qu'il lève les bras comme un désespéré. C'est probablement un broyeur de couleurs, car au milieu du plateau on voit un outil, à pointe recourbée, qui a pu servir à ce métier. — Athènes.

Terre pâle. — Haut., 7 cent.

317-318 — Deux Silènes d'ancien style, assis chacun sur une base en forme d'omphale, à parois rugueuses et très épaisses.

Le premier, assis de face, la tête un peu relevée et tournée de côté, tient dans ses mains une amphore à vin renversée. Il a des oreilles de cheval et une longue hippouris ; son pied gauche s'appuie sur l'omphale. L'amphore, pointue à sa base, est ornée de cercles en relief.

L'autre Silène, le front ceint d'un large strophium, est

accroupi sur l'omphale. Sa main gauche tient un plateau à rebord, sa tête se relève vivement, tournée vers l'épaule gauche, et son bras droit se replie sur la poitrine, comme s'il avait à se défendre contre un ennemi.

Ces deux figurines remontent au VIe siècle avant notre ère. — Tanagra.

Traces de coloration. — Haut., 152 et 165 millim.

319 — Satyre nu, d'ancien style. Il marche sur la pointe des pieds, comme un danseur, les bras levés, les mains fermées et tenant probablement un thyrse et un canthare. Son corps est superbement modelé; il a des oreilles de bouc, le front ridé ; sa barbe, taillée en éventail, et ses cheveux ne sont indiqués que par un relief plat et lisse, qui a dû recevoir une coloration différente de celle des chairs. — Attique.

Terre massive, ton de chair. — Haut., 225 millim.

320 — Aphrodite drapée, debout sur une base circulaire et tenant un balsamaire et une coquille. Cette terre cuite est la reproduction faite, à l'époque du beau style, d'une figurine de style archaïque. La déesse est couronnée de myrte, parée de boucles d'oreilles dorées , vêtue d'un peplos et d'un manteau bleu qui enveloppe le haut des jambes et se replie sur l'épaule gauche. Les cheveux sont noués en crobyle au-dessus du front. — Tanagra (*Catalogue Al. Castellani*, vente de Rome, n° 648).

Ton de chair, cheveux rouges, les yeux et les lèvres coloriés, base moulurée. — Haut., 21 cent.

321 — Poupée articulée, représentant Aphrodite nue, assise dans la pose hiératique, les jambes tenant l'une à l'autre, les bras mobiles et pendant le long du corps. Son

diadème est orné d'une rosace centrale; ses boucles d'oreilles sont façonnées en fleurons. — Eretria.

Terre pâle, avec traces de peinture. — Haut., 164 millim.

322 — *L'Enlèvement d'Europe.* Le taureau nage vers la droite; la jeune fille est assise de face, vêtue d'un double chiton, la tête un peu tournée en arrière. Sa main droite repose sur le dos du taureau, l'autre tient l'une des cornes. Imitation d'un ouvrage d'ancien style. — Eretria.

Traces de couleur. — Haut., 10 cent.

323 — Beau masque archaïque de Silène, de grand style et d'exécution très soignée. Il a des oreilles de taureau, le front chauve, les sourcils arqués, la bouche entr'ouverte, les moustaches pendantes, la barbe finement frisée et taillée en éventail. Les masques de ce genre passent pour avoir servi de talismans. — Tanagra.

Ton de chair; les yeux, les lèvres et les poils sont coloriés de rouge. — Haut., 82 millim.

324 — Mascaron scénique d'un vieux Silène, aux oreilles de bouc. Crâne osseux; cheveux, barbe et sourcils peints en blanc, nez aplati, bouche en entonnoir, comme il convient aux masques de théâtre. — Style du ve siècle. — Tanagra.

Ton de chair, les yeux peints de blanc et de noir, la bouche d'un rouge purpurin. Dans le haut, un trou à suspension. — Haut., 55 millim.

325 — Silène et Nymphe assis sur une kliné. La Nymphe a le buste nu, les jambes enveloppées d'un himation rose. Elle est parée de boucles d'oreilles; ses cheveux, d'un rouge vif, sont frisés en bandeaux parallèles, noués en

chignon, et retombent en boucles sur les épaules. Elle s'accoude sur le coussin de la kliné, la main droite posée sur le dos du Silène. Celui-ci a les cheveux blancs, la barbe blanche et des oreilles de bouc. Il penche la tête sur son épaule droite, et sa main droite repose sur le genou de la Nymphe. L'artiste a traité le sujet avec une très grande liberté : *Graeca res est nil velare.*

La kliné, dont les montants sont sculptés, est couverte d'une draperie.

Ce groupe, qui remonte au ve siècle avant notre ère, est une des plus belles conquêtes des fouilles de Tanagra, qui n'ont fourni généralement que des figurines isolées, et, dans le nombre, quatre ou cinq terres cuites au plus de ce style et de cette époque. La scène se passe dans la vie future, où les morts se transforment en dieux et prennent part à toutes les jouissances de la vie divine.

Publié dans la *Gazette archéologique*, 1877, pl. 33, et au *Catalogue Al. Castellani* (Vente de Rome, 1884), pl. XIV.

Ton de chair. — Base plate. — Haut., 152 millim.; larg., 162 millim.

326 — Silène nu, couronné de corymbes dorés et buvant dans une outre qu'il tient de ses deux mains. Il s'appuie contre un tronc d'arbre, le buste et la tête renversés en arrière, la jambe droite en avant.

Cette terre cuite, du grand style grec du ve siècle, est un des chefs-d'œuvre de la collection. Il est de la même famille, et sans doute du même artiste, que le Silène assis sur une kliné, décrit sous le numéro précédent. — Tanagra.

Ton de chair, les yeux coloriés en blanc et en noir; la couleur jaune des corymbes fait supposer la dorure. — Base plate. — Haut., 174 millim.

327 — Jeune fille coiffée d'un bonnet asiatique, assise à gauche sur un rocher et tenant à la main droite, sur son genou, une patère dorée et godronnée. A la main gauche levée, elle a dû tenir un balsamaire. Elle est parée de bijoux et vêtue d'un chiton; son manteau, jeté sur l'épaule gauche, ne couvre que les jambes et sert en même temps de coussin. Le bonnet est peint en rose tendre et bordé d'un galon d'or; la draperie même porte de nombreuses traces de dorure. — Tanagra.

Base plate. — Haut., 22 cent.

328 — Jeune Tanagréenne, debout et arrêtée dans sa marche. Ses bras, cachés sous le manteau, se replient pour soulever et porter la draperie; sa tête, parée de boucles d'oreilles, se tourne et se penche légèrement. — Tanagra.

Coloration usuelle, base plate et moulurée. — Haut., 18 cent.

329 — Jeune fille en Aphrodite, le haut du corps nu, les jambes croisées, la main droite appuyée sur un cippe peint en bleu. Elle porte un himation de couleur rose tendre, et une colombe, aux ailes relevées, perche sur son épaule. La majesté de la pose, la beauté du visage et du corps, l'art exquis avec lequel la draperie est ajustée, et la fraîcheur de la coloration, font de cette figurine un des plus beaux morceaux de la céramique de Tanagra.

Ton de chair, cheveux roux, les yeux et les lèvres finement coloriés, la colombe peinte en bleu. — Base plate. — Haut., 194 millim.

330 — Éros enfant sur un dauphin. — Il est assis à la manière des femmes, le corps nu, la chlamyde pliée en guise de ceinture; sa tête se tourne légèrement vers une lyre tétrachorde, que tient sa main gauche et qu'il appuie sur

la jambe; sa main droite levée tenait le *plektron*. Le dauphin nage vers la gauche, la queue enroulée. Dans les flots de la mer, on distingue des coquilles et des poulpes.

Traces de coloration. — Haut., 13 cent.; larg., 175 millim.

331 — Satyre jeune, une écharpe sur les épaules, le bras droit sur la hanche, la main gauche avancée et tenant une grappe de raisin. — Eretria.

Terre pâle engobée. — Haut., 153 millim.

332 — Acteur comique, vêtu d'une chlamyde qui s'arrête aux genoux et laisse le bras droit à découvert. Il a la main droite à la bouche, la gauche dans une pannetière qu'il porte suspendue à une courroie. — Tanagra.

Terre pâle engobée. — Haut., 153 millim.

333 — Pan assis sur un rocher, les jambes croisées, le coude gauche appuyé sur la jambe, la main soutenant le menton. Il porte une peau de bête sur l'épaule gauche, et sa main droite tient une corne à boire. — Eretria.

Terre pâle. — Haut., 12 cent.

334 — Joueuse d'osselets. — Cette figurine représente une jeune femme, le genou droit en terre, le bras droit abaissé et tendu en avant. Elle vient de jeter les osselets en l'air, pour les recevoir sur le revers de la main. Mais il semble que tous soient tombés sur le sol, où la joueuse les cherche et les compte en inclinant la tête. On a émis des opinions différentes sur le sens du motif. Nous croyons toujours qu'il s'agit d'un oracle d'amour. La jeune fille consulte le sort pour savoir si elle est aimée.

Les fouilles de Tanagra ont mis au jour plusieurs

exemplaires de ce motif ravissant. Celui-ci est au nombre des plus beaux et des plus purs de style et de facture. La jeune fille porte des boucles d'oreilles dorées ; ses cheveux, frisés en bandeaux parallèles, retombent sur la nuque, où ils forment une masse plate et arrondie comme une bourse. Son chiton blanc, agrafé sur les deux épaules, a une double ceinture, l'une soutenant les seins, l'autre à la taille ; il laisse à découvert les bras et le sein droit. L'himation, peint en rose, n'enveloppe que les jambes et forme des plissures modelées avec un art infini. La main gauche tient un petit sac rempli d'osselets ; les pieds sont chaussés de souliers jaunes.

Ton de chair, cheveux rouge-brun, lèvres coloriées en pourpre. — Base plate. — Haut., 198 millim.

335 — Joueuse de lyre, couchée (à gauche) sur un rocher, dans l'attitude de la tristesse ou de la méditation. Sa tête penchée, si bien qu'on la dirait endormie, est soutenue par la main gauche ; son bras s'accoude sur le rocher, sa main droite tient l'himation, dont les deux bouts retombent sur le sol en plis triangulaires. Devant la jeune fille, une lyre à six cordes est posée à terre. C'est une des plus grandes figurines trouvées à Tanagra.

Un artiste tanagréen n'a pu créer ce motif sans penser à Corinne, sa compatriote, qui avait disputé le prix de poésie à Pindare. On se rappelle ces jolis vers de Corinne :

« Je chante des choses délicieuses
Aux femmes de Tanagra, vêtues de blanc,
Et ma ville natale écoute avec joie
Ma voix claire et caressante. »

La jeune fille est couronnée d'un bandeau et parée de boucles d'oreilles dorées. Son visage est d'une beauté classique, son corps et sa draperie sont du modelé le plus fin et le plus délicat. Elle porte un chiton à manches courtes, dont les crevés sont garnis de boutons.

Coloration usuelle. Himation rose, rocher bleu, traces de dorure sur la lyre. Base plate. — Haut., 15 cent.; larg., 28 cent.

336 — Jeune fille de Tanagra, drapée et tenant un éventail. Sa tête, d'une grande beauté, et modelée avec une rare délicatesse, se tourne légèrement de côté; ses cheveux, peints en rouge et noués au sommet, sont entourés d'une sphendoné dont on aperçoit l'agrafe sur le devant; ses oreilles sont parées de breloques dorées. Elle porte des souliers, un long chiton et un manteau rose, ajusté avec art, et qui couvre les bras et les mains.

Base plate. Traces de couleur partout. — Haut., 27 cent.

337 — Éros et Psyché assis sur le dos d'un aigle et se tenant enlacés. Ce sont deux enfants, l'Éros entièrement nu, assis sur sa chlamyde, Psyché vêtue d'un himation qui ne couvre que le bas du corps.

On ne connaît pas d'autre exemplaire de ce sujet curieux, qui représente évidemment une apothéose. — Eretria.

Terre pâle, base carrée. Les ailes de l'Éros manquent. — Haut., 114 millim.

338 — Danseuse voilée. — Elle se dirige vers la droite, la tête de face et légèrement inclinée. Son chiton blanc et l'himation rose tendre, qui lui sert à la fois de vêtement et de voile, sont bordés de larges bandes noires. La draperie couvre les deux bras et moule bien les formes du corps; le bas du chiton, soulevé par les mouvements

de la danse, forme de fortes plissures. C'est une des plus jolies variantes qui se puissent voir d'un sujet traité à l'envi par les artistes grecs postérieurs à Alexandre, et dont nous présenterons plus loin d'autres exemplaires.

Ton de chair, cheveux bruns, lèvres rouges, les yeux peints en blanc et en noir. — Haut., 215 millim.

339 — *Leçon de lecture.* Femme assise, de face, sur un rocher, et tenant sur ses genoux une jeune fille, déjà grande, avec laquelle elle déploie et regarde un large rouleau de papyrus. Elle lui apprend à lire. La mère et la fille sont parées de boucles d'oreilles, chaussées de souliers, et ont pour vêtements le chiton blanc et l'himation qui n'enveloppe que les jambes; mais le chiton de la mère a des manches courtes garnies de boutons. On ne connaît jusqu'ici aucune réplique de ce groupe charmant, un des plus jolis tableaux de la vie domestique des femmes grecques. Seul, le rocher, qui fait office de siège, nous rappelle que la scène se passe dans la vie d'outre-tombe, où les mortes se retrouvent et continuent leurs occupations et leurs habitudes de la vie terrestre. — Tanagra.

Reproduite dans Daremberg et Saglio, *Dictionnaire des Antiquités*, t. III, p. 477 (à l'article *Éducation*, par P. Girard).

Ton de chair, cheveux rouges, traces de couleur violette sur le manteau de la femme, et de couleur rose sur celui de l'enfant. — Base plate. — Haut., 21 cent.

340 — Éphèbe assis, de face, sur un rocher, sur lequel il pose la main et la jambe droites. Il est chaussé d'endromides; sa chlamyde, agrafée sur l'épaule droite, ne couvre que le bras gauche et la moitié du pectoral. Le

pétase, suspendu à la nuque, a un bouton au centre; au bas du rocher, on aperçoit deux disques. — Tanagra.

Ton de chair, les yeux et les lèvres coloriés, les cheveux peints en rouge, les chaussures et l'un des disques en gris-bleu. — Base plate. — Haut., 146 millim.

341 — Jeune Tanagréenne dans l'attitude de la marche. Elle se promène, la jambe gauche en avant, le bras droit ramené sur la poitrine pour mieux s'envelopper dans son himation. Ses cheveux, peints en rouge, descendent en longues boucles sur la nuque.

Coloration usuelle. — Base plate. — Haut., 19 cent.

342 — La muse Terpsichore, accoudée sur un cippe. — Elle est parée de boucles d'oreilles dorées, couronnée de fleurs bleues et rouges, chaussée de souliers, vêtue d'un chiton qui ne couvre pas entièrement la poitrine, et d'un himation noué autour des hanches. Sa main gauche tient une lyre, l'autre maniait le plektron. Posée de face, elle tourne la tête légèrement de côté, ce qui lui donne un air inspiré. — Thèbes.

Terre rouge, les cheveux peints en brun. — Haut., 27 cent.

343 — Silène portant sur son bras gauche l'enfant Dionysos. Il a le visage souriant, le front ceint d'une épaisse couronne de fleurs, la barbe frisée en boucles ondulées, la chlamyde nouée autour des reins. Sa main droite retient la ceinture; l'enfant pose son bras droit sur l'épaule du Silène. — Corinthe.

Ton de chair; la tête du Silène est peinte en rouge; sa draperie porte des traces de couleur bleue.

Base ovale. — Haut., 176 millim.

344 — Femme drapée et voilée, assise de face sur un siège et tenant sur sa main gauche son oiseau favori, une oie. Sa tête se tourne vers l'oiseau, ses bras et ses mains sont cachés sous la draperie qui couvre le corps tout entier, si étroitement que les formes transparaissent et qu'il ne reste à découvert que le visage, du menton jusqu'au bas du front. Le bras droit de la femme repose sur la jambe, et la jambe se retire en arrière. L'oiseau bat des ailes ; il était doré entièrement.

Le siège, courbe sur le devant et muni d'une escabelle, porte un coussin épais ; le dossier est peu élevé et très étroit. — Tanagra.

Coloration usuelle. — Haut., 19 cent.

345 — Petit groupe représentant un Éros adolescent qui cherche à soulever un Pan assis sur un rocher. Pan résiste de toutes ses forces à la tentation, la tête tournée vers l'Éros et le bras droit appuyé sur le sol, pendant que le séducteur le tire par le bras gauche. Éros porte une bandoulière sur la poitrine, et les deux figurines sont couronnées de fleurs. — Tanagra.

Terre pâle engobée, base plate à deux degrés. — Haut., 16 cent.

346 — Femme assise, à droite, sur une kliné et tenant une coupe. La kliné, dont la boiserie est ornée d'une profusion de moulures, est couverte d'une étoffe bleue à franges rouges ; les pieds de devant se terminent en pattes de griffon ; les oreillers, peints en bleu, sont garnis de franges et de houpettes. Un escabeau à deux marches et une table ronde à trois pieds, sculptés également et reposant sur des griffes, sont placés devant le lit.

La jeune femme porte le costume des Tanagréennes : chiton à double ceinture, himation enveloppant le bas du corps. Mais ses cheveux sont ceints d'une couronne de fleurs et de feuilles, dont les lemnisques bleus retombent sur les épaules; ses pieds sont chaussés de bottines à bordure découpée. Elle est assise, les jambes croisées; sa main gauche saisit l'himation, son bras droit s'accoude sur l'oreiller, et sa main droite tient une coupe qui doit être remplie de vin ou de nectar. Elle vient de boire, et déjà sa tête se penche, comme si elle voulait s'assoupir. Dans le séjour des bienheureux, tous ceux qui y sont admis prennent part aux festins des dieux.

La figurine est pensée et modelée avec un art accompli. Jusqu'ici, on ne connaît pas d'autre exemplaire, en terre cuite, de ce sujet. — Tanagra.

Coloration usuelle. Base plate. — Haut., 185 millim.; larg., 28 cent.

347 — Oracle d'amour. — Cette joueuse d'osselets est une variante de la grande figurine décrite sous le n° 334. La jeune fille porte son regard sur le sac à jouets qu'elle tient à la main gauche; sa main droite tient un rouleau de papyrus. Elle est accroupie, non encore agenouillée, et n'a pas commencé son jeu. Ses cheveux sont noués en chignon sur la nuque; son chiton, échancré sur la poitrine, n'a qu'une seule ceinture. Ses souliers jaunes ont des semelles rouges. — Tanagra.

Ton de chair, cheveux rouges, les yeux et les lèvres finement coloriés; le sac à jouets est également peint en rouge. Base plate. — Haut., 178 millim.

348 — Groupe de deux jeunes femmes, assises sur un sarcophage et causant ensemble. Toutes les deux ont les jambes croisées. La première, celle de gauche, porte une sphendoné dans ses cheveux; elle appuie sa main droite

sur la hanche, son bras gauche sur le sarcophage, et se penche, le cou allongé, vers son amie, qui lui raconte quelque chose, pour marquer l'intérêt qu'elle prend au récit. L'autre femme n'est coiffée que d'une bandelette ; elle pose sa main droite sur le cercueil de pierre, et sa main gauche, aux doigts repliés, gesticule, de sorte qu'on voit tout de suite que c'est elle qui parle et que c'est l'autre qui écoute. Dans la Grèce antique, les tombeaux étaient placés en bordure, des deux côtés de la grande route, et souvent les passants ont dû s'y asseoir et y lier conversation. Le motif de ce groupe est donc emprunté à la vie journalière des anciens, et l'artiste l'a traité avec beaucoup de naturel et d'esprit. — Hermione (?).

Traces de coloration. — Haut., 20 cent.; larg., 22 cent.

349 — Femme d'Eretria, diadémée et marchant vers la droite. Ses deux bras se dissimulent sous l'himation, et pendant que sa main droite retient le vêtement sous le cou, l'autre, tendue en avant, le relève et en rapproche les deux pans. Le visage est finement modelé, les cheveux se répandent en boucles sur les épaules, les oreilles sont parées de breloques, le diadème est ciselé et peint en rouge.

Ton de chair; cheveux rouges, draperie rose. Base plate. — Haut., 21 cent.

350 — Négrillon jonglant avec des boules. Il n'a pour vêtement qu'un *perizoma* peint en rose, et porte au cou une grosse couronne de fleurs rouges. Sa main droite avancée tient une boule; une seconde est placée sur son genou droit et il s'apprête à la lancer en l'air, une troisième est allée se poser sur sa tête. — Thèbes.

Haut., 125 millim.

351 — Jeune Tanagréenne, à demi couchée à terre, le dos appuyé contre un rocher, la main droite posée sur la tête d'un Éros endormi. Ses cheveux sont coiffés d'un *sakkos* bleu, ses oreilles parées de pendeloques; l'himation, peint en rose, est noué sur le devant et ne couvre que les jambes. D'un air pensif, la jeune fille incline légèrement la tête, et sa main gauche retient le chiton, dont la spallière a glissé le long du bras. L'Éros, couché devant elle, au pied du rocher, appuie sa tête sur le bras droit ; ses jambes sont croisées, sa chlamyde est pliée en écharpe.

Beaucoup de terres cuites de Tanagra représentent des jeunes filles assises, qu'un Éros vient distraire de leur rêverie. De ce même sujet, nous avons ici une spirituelle et poétique variante.

Coloration usuelle; le rocher était peint en bleu. Base plate. — Haut., 12 cent.; larg., 185 millim.

352 — Danseuse voilée, de face et se dirigeant vers la gauche, le bras droit pendant, l'autre replié, la main sous l'aisselle. Elle marche sur la pointe des pieds, qui sont chaussés de souliers blancs. Le manteau, auquel le mouvement de la danse imprime des plis très pittoresques, recouvre la figurine presque entière, en même temps que la tête et le bas du visage; mais il est d'une étoffe si légère, qu'on voit transparaître le modelé du corps. — Béotie.

Traces de couleurs, base demi-circulaire, ornée de moulures. — Haut., 235 millim.

353 — Jeune fille à l'éventail. — La main droite posée sur la hanche, elle incline et baisse la tête avec une expression charmante de rêverie ou de mélancolie. Ses cheveux sont parés d'une bandelette dorée, sa main gauche pendante

tient un éventail bordé d'or et décoré d'une palmette rouge. Sur la grande frise de marbre (au Musée de Munich), qui représente le cortège nuptial de Poseidon et d'Amphitrite, et qu'on attribue à l'école de Skopas, une des Néréides tient un éventail en forme de feuille, exactement pareil à ceux que tiennent les femmes de Tanagra.

Ton de chair, cheveux roux, les yeux et les lèvres finement coloriés, les boucles d'oreilles dorées ; traces de couleur rose sur l'himation. — Haut., 225 millim.

354 — Masque tragique. — Autant les masques de la Comédie sont fréquents, autant ceux de la Tragédie grecque sont rares et précieux. Celui-ci représente les traits d'un héros ou d'un roi. Les sourcils se froncent, les yeux sortent de leurs orbites, les cheveux sont hérissés, et la barbe est frisée en petites boucles. Dans le haut, on aperçoit l'*onkos*. — Thèbes.

Ton de chair, avec rehauts bleus (pour les yeux), noirs (pour les sourcils) et rouges (pour les cheveux et la barbe). Le revers est peint en bleu. Deux trous de suspension. — Haut., 10 cent.

355 — Jeune mère assise (à gauche) sur une kliné et montrant le sein à son enfant, qui est couché devant elle et demande à boire. La femme porte un chiton serré sous la gorge, et un himation rose qui n'enveloppe que le bas du corps. Son bras droit s'appuie sur la kliné, pendant que sa main gauche presse la mamelle. Sa tête, parée de boucles d'oreilles et frisée en boucles qui descendent sur la nuque, s'incline et se penche vers l'enfant qu'elle regarde tendrement.

L'enfant renverse la tête sur les oreillers du lit et ouvre les bras, comme s'il s'impatientait.

La kliné, couverte d'une draperie à bordure bleue et à

franges, a les pieds tournés au tour ; le montant (*fulcrum*) se trouve à l'extrémité gauche.

Peinture usuelle, les oreillers coloriés en bleu ; base plate. — Haut., 21 cent., long., 19 cent.

356 — Éphèbe drapé, assis de face sur un rocher, sur lequel s'accoude son bras gauche. Sa chlamyde, agrafée sur l'épaule droite, ne laisse à découvert que le haut du bras droit ; ses pieds sont chaussés de souliers roses. Le pétase est perdu. — Tanagra.

Coloration usuelle. Base plate. — Haut., 15 cent.

357 — *Europe sur le taureau*. La jeune fille est assise de face, avec une grâce charmante, presque maniérée. Sa tête, couronnée de perles d'or, s'incline sur l'épaule ; son bras gauche repose nonchalamment sur la tête du taureau, sa main gauche abaissée tient un bouquet de fleurs, ses jambes sont croisées. Elle a les cheveux bouclés, les oreilles parées de breloques dorées, un collier de perles d'or sur la poitrine. L'himation, peint en rose, enveloppe étroitement les jambes et se déploie derrière la figurine comme si les brises de la mer s'y jouaient et le soulevaient. Les cordons des sandales sont agrafés sur le coude-pied.

Puisque il est certain que la croyance des anciens transformait les jeunes morts en Ganymèdes, les mortes en Lédas, nous sommes en droit de supposer qu'il ne s'agit pas ici du rapt de la fille de Minos, mais d'une jeune fille quelconque, morte à la fleur de l'âge et qui, dans le séjour des bienheureux, devenait l'épouse du dieu suprême. L'artiste en a fait une délicieuse figurine de femme, au corps souple, élancé, d'une harmonie parfaite de modelé et de lignes. Elle forme un heureux contraste avec le taureau, qui respire la force, fendant vigoureusement les flots, les narines dilatées, la queue battant les flancs avec rage. Il nage vers la gauche, et sa tête est ceinte d'un chapelet (*licium*), comme celle d'un taureau à sacrifice.

Ton de chair, cheveux rouges, prunelles et lèvres coloriées, mer bleue ; le corps du taureau était probablement peint en blanc. — Haut., 20 cent.; larg., 25 cent.

358 — Femme de Tanagra, drapée et voilée dans un himation bleu que la main gauche retient et ramène en arrière. Le chiton blanc, à manches courtes, laisse à découvert l'avant-bras droit, posé sur la hanche, et le pied gauche chaussé d'un soulier blanc. La figurine est d'une grande finesse de travail, le coloris encore frais.

Base plate. — Haut., 13 cent.

359 — *Ephedrismos*. Une jeune fille porte sur son dos une de ses camarades et retourne la tête vers elle pour lui parler. Il est probable que ce sujet représente un jeu d'enfants très connu, qui avait pour règle que le perdant porterait le gagnant sur un espace plus ou moins long. Ici, la jeune fille qui porte l'autre, court à grands pas, chaussée d'endromides. Celle qui a gagné au jeu, appuie son bras droit, paré d'une armille, sur l'épaule de sa camarade, en même temps qu'elle lève la main gauche et incline légèrement la tête. Le chiton de la première offre cette particularité, non encore signalée, qu'il est retenu par trois ceintures.

Traces de couleur nombreuses. Base ronde, moulurée. — Haut., 28 cent.

360 — Éros discobole, sous la forme d'un bel adolescent ailé, aux cheveux d'or, accoudé sur une colonnette. Il est debout et de face, la jambe gauche un peu en avant, un

disque d'or à la main droite abaissée, un baudrier doré sur la poitrine (ce qui fait supposer qu'il porte un carquois), un bouquet de corymbes dans les cheveux. Sa main gauche soulève un pan de la chlamyde, pliée en écharpe.

Publié au *Catalogue H. Hoffmann* (Paris, 1886), pl. X.

Ton de chair; les yeux coloriés en noir et en blanc; les corymbes dorés, les ailes bleu et rose, le cippe gris. — Base plate à deux degrés. — Haut., 255 millim.

361 — Groupe représentant deux acteurs de la comédie grecque, l'un en costume d'homme, l'autre en costume de femme. Ils marchent côte à côte et se tiennent enlacés, l'homme penchant la tête amoureusement vers sa compagne. Le *somation* du premier est peint en bleu, son masque en rouge rehaussé de brun. — Béotie.

Coloration usuelle. — Haut., 14 cent.

362 — Femme assise sur un siège. Sa tête, d'une rare beauté, est coiffée d'un *sakkos* bleu tendre et tournée de trois quarts; ses mains, dissimulées sous le manteau, reposent sur les jambes; son pied gauche se retire en arrière et s'appuie sur un escabeau.

Le siège a des montants courbes et un coussin bleu; son dossier, à bordure incisée, se termine par un fronton triangulaire, dont les acrotères sont façonnés en anneaux. — Tanagra.

Ton de chair, manteau rose, etc. Base plate. — Haut., 19 cent.

363 — Oracle d'amour. — Une jeune fille, accroupie à droite, joue aux osselets. Elle n'a pour vêtement qu'un chiton rose à large bordure bleue, échancré sur la poitrine et maintenu sur les épaules par deux fibules. Ses oreilles

sont parées de breloques, ses pieds chaussés de souliers blancs à semelles rouges. Sa main gauche repose sur le genou; l'autre, abaissée, vient de jeter les osselets, dont deux sont restés adhérents à la base. La tête inclinée légèrement et tournée de face, elle consulte l'oracle, sans doute dans le même but que les jeunes filles qui effeuillent des marguerites. — Tanagra.

Coloration usuelle. Base plate. — Haut., 12 cent.

364 — Aphrodite, debout près d'un cippe et tenant à la main droite levée une pomme d'or. Coiffée d'une ténie dorée, la tête penchée, elle appuie sa main gauche sur le cippe. Le haut du corps et les bras sont nus, mais une bandoulière dorée descend de l'épaule droite sur la poitrine, et le bras gauche est paré d'une armille dorée. Un manteau, peint en rose tendre, enveloppe les jambes et remonte jusqu'à l'aisselle gauche. Au point de vue du style et du modelé, c'est une terre cuite de premier ordre. — Tanagra.

Ton de chair, cheveux rouges, base plate. — Haut., 24 cent.

365 — Jeune fille assise sur une pierre carrée et lisant dans un diptyque qu'elle tient sur son genou. Elle se présente de face, la jambe gauche en avant, l'épaule droite baissée légèrement, le regard fixé sur le diptyque, qui doit être une lettre d'amour. Sa main gauche repose sur la jambe, l'index allongé et prêt à suivre les lignes de l'écriture. Sa draperie se compose d'un chiton blanc, sans manches, échancré sous le cou, agrafé sur chaque épaule et serré par une ceinture; puis, d'un manteau rose tendre, qui enveloppe pittoresquement le bas du corps. Les cheveux, bouclés sur le front, retombent en chignon sur la nuque.

C'est une des plus jolies figurines de Tanagra ; elle vient de la vente Gréau *(Catalogue*, n° 342).

Peinture usuelle ; le siège, la base plate et le diptyque sont coloriés en bleu. — Haut., 18 cent.

366 — Éros enfant sur une chèvre. Le visage souriant, Éros est assis de face, avec aisance, à la manière des femmes, la chlamyde en écharpe, la main droite appuyée sur le dos de la chèvre ; sa main gauche saisit l'une des cornes.

Publié au *Catalogue H. Hoffmann* (Paris, 1886), p. 9.

Ton de chair ; ailes et chlamyde peintes en bleu, lèvres rouges, les yeux coloriés de blanc et de noir. — Base à deux marches. — Haut., 156 millim.

367 — Grand masque scénique de Satyre, couronné d'une bandelette rose tendre et de lierre en fleur. Les yeux, les narines et la bouche sont ajourés. — Béotie.

Feuilles de lierre peintes en bleu, corymbes rouges. Deux trous de suspension. — Haut., 18 cent.

368 — Jeune fille assise à gauche sur un siège sans dossier et mettant ses souliers. Sa jambe droite, qu'elle est occupée à chausser, se lève, pendant que son buste se penche et que ses bras s'allongent pour lier les cordonnets. Les pieds du siège sont façonnés au tour, et la figurine est placée sur une base à trois degrés. Tout dans cette terre cuite, jusqu'au moindre pli de draperie, est d'une grâce incomparable.

Traces de peinture. — Haut., 14 cent.

369 — Éros au cygne. — Un Éros adolescent, portant des fruits dans le pli de sa chlamyde, court vers la gauche, poursuivi par un cygne qui bat des ailes, le retient par le manteau et demande à manger. Mais les fruits ne sont pas

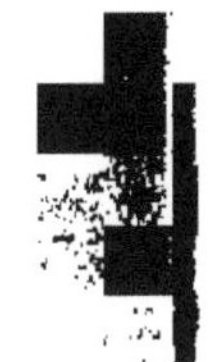

destinés à l'oiseau, car Éros se retourne vers lui et le repousse en le prenant par le col.

Pour apprécier ce spirituel petit tableau, il faut se rappeler que le cygne est l'oiseau d'Aphrodite, que c'est lui qui sert de monture à la déesse, lorsqu'elle traverse les airs ou les flots de la mer, et que le char d'Aphrodite est traîné par deux cygnes.

L'Éros est couronné de fleurs et de fruits, armé d'un carquois et chaussé d'endromides. En même temps que ses ailes, sa chlamyde se déploie derrière lui en mille plissures tourmentées et nous fait juger de la rapidité de sa course.

Traces de couleur; base à deux degrés; au revers, deux trous d'évent juxtaposés. — Haut., 18 cent.; larg., 20 cent.

370 — Jeune fille assise sur un rocher. Elle a mal au pied; sa jambe droite est placée sur une des aspérités de la pierre, et sa main droite s'abaisse pour délier les cordons du soulier, en même temps que son buste et sa tête se penchent en avant. Ce sujet est nouveau, mais il rentre tout à fait dans le cercle des sujets tanagréens, où la vie intime est observée dans ses moindres détails.

Costume usuel : le chiton à spallières et le manteau, dont un pan couvre le rocher. Pendants d'oreilles, cheveux parés d'une bandelette et retombant en chignon sur la nuque.

Ton de chair, manteau rose, cheveux roux, etc. Base plate. — Haut., 183 millim.

371-373 — Groupe de trois petits Érotes trouvé à Tanagra. Le premier (371) est couronné d'un strophium bleu, vêtu d'un long chiton, et sur son épaule gauche il porte un énorme balsamaire peint en bleu. En sa qualité de page d'Aphrodite, Éros est chargé des objets de toilette dont la déesse a besoin.

Le second (372), aux ailes dorées, est encapuchonné dans une chlamyde rose, qu'il retient sur sa poitrine. Le troisième (373), coiffé d'une couronne dorée, danse en levant les deux bras et en jouant des cymbales. Sa chlamyde bleue est pliée en écharpe.

Ces figurines, qu'on trouve toujours par groupes dans un même tombeau, se distinguent par une grâce particulière. Toutes les poses, tous les gestes sont variés, les couleurs et les dorures répandues à pleines mains.

Ton de chair, cheveux rouges, les cymbales dorées, les ailes dorées ou peintes en bleu. — Haut., 75 et 90 millim.

374 — Éphèbe nu et debout, les jambes croisées et appuyées contre un tronc d'arbre. A la main droite pendante, il tient un objet brisé, probablement un rhyton. Sa tête s'incline légèrement, avec un air de mélancolie, et son regard semble se fixer sur un second accessoire (une coupe) qu'il portait sur la main gauche ouverte et tendue en avant. La pose de cette figurine est d'une grande aisance, le modelé superbe, et l'expression du visage donne à l'ensemble quelque chose de personnel qui frappe et qui intéresse.

Ton de chair, les cheveux et le tronc d'arbre rouges; le fond et le dessus de la base, qui est ornée de moulures, sont peints en gris-bleu. — Haut., 243 millim.

375 — Jeune fille de Tanagra, voilée et coiffée d'un morceau d'étoffe découpé en carré sur le devant, plissé au milieu, et terminé en triangle. Elle porte une bandelette au front; sa tête se tourne vivement de côté; sa main droite retient

sur la poitrine l'himation, qui couvre les bras et les mains.

Traces de coloration ; base plate. — Haut., 195 millim.

376 — Silène tenant à la main droite avancée un canthare, son attribut favori. Il est couronné de lierre et de corymbes, sans draperie, le bras gauche sur la hanche ; le mouvement de sa jambe droite indique qu'il marche au pas de danse. — Eretria.

Traces de peinture. — Haut., 185 millim.

377 — Jeune fille assise à gauche sur une chaise et penchant tristement la tête. Elle est coiffée d'une sphendoné et parée de pendeloques ; ses cheveux se répandent en boucles sur ses épaules. Son vêtement se compose d'un chiton à ceinture dorée et d'un himation dont elle saisit les deux bouts. Ses pieds reposent sur une escabelle. Le siège, en bois sculpté et à dossier échancré, est couvert d'un coussin rouge.

Lorsqu'on regarde, une à une, les femmes assises de Tanagra, réunies dans cette collection, le choix n'est pas facile. Il semble cependant que celle-ci l'emporte sur les autres, autant par la poésie du sujet que par les qualités de facture. La tête est d'une grande beauté, la draperie magistralement traitée, et le jeu des dorures et des couleurs émaillées a dû produire, dans sa première fraîcheur, un effet prodigieux.

Ton de chair ; chiton blanc, manteau rose, siège bleu. Les semelles des souliers et les moulures de l'escabeau sont peintes en rouge. Base plate. — Haut., 24 cent.

378 — Danseuse voilée, jouant des crotales. Elle se présente de face, le corps gracieusement penché de côté, les bras avancés et la jambe gauche levée. Elle est chaussée de

souliers ; son voile, qui couvre le front et la bouche, ressemble au *yashmak* des femmes turques. — Corinthe.
Haut., 123 millim.

379 — Jeune Tanagréenne, portant un petit Éros dans ses bras. Elle est coiffée d'un chapeau rond, vêtue d'un long chiton, d'un himation qui sert de voile et qui ne laisse paraître que la main gauche. Le motif est très gracieux. Pendant que l'Éros ouvre ses bras pour caresser les joues de la jeune fille, elle incline la tête, regardant tendrement le petit dieu lutin et le serrant contre son sein. Le chapeau est orné, extérieurement, de cercles en relief, d'un rang de perles et d'une pointe centrale. — Tanagra.
Base plate. — Haut., 27 cent.

380 — Homme barbu, aux traits silénesques, portant une amphore à vin sur son épaule gauche. Il va en avant, drapé dans une chlamyde rose qui ne couvre que l'épaule droite et la moitié du buste et qu'il retient sur la poitrine. L'amphore, à base pointue, est entourée de cercles. — Béotie.
Traces de couleurs. — Haut., 16 cent.

381 — Jeune femme debout près d'une colonnette, sur laquelle elle appuie sa main droite ; à sa main gauche levée elle tient une pomme dorée qu'elle regarde. Elle porte le costume usuel des femmes de Tanagra : chiton bleu, himation rose, souliers blancs. Les oreilles sont parées de pendeloques. Le visage, d'un ovale parfait et d'une grande pureté de lignes, est finement colorié. La colonnette, montée sur une base carrée, sur laquelle la jeune fille pose son pied droit, ne peut être qu'un monument funéraire. — Tanagra.
Base plate. — Haut., 265 millim.

382 — Groupe de deux femmes assises sur un lit de repos, l'une au chevet et accoudée sur l'oreiller, l'autre à côté d'elle et lui prenant la main. La première, qui est la plus jeune, a l'air triste ; elle incline la tête et semble ne pas vouloir écouter ce qu'on lui dit. L'autre, une matrone voilée, cherche à consoler son amie ; elle se penche familièrement vers elle, la main gauche posée sur l'épaule de la jeune fille souffrante. Il s'agit évidemment du mal d'amour. Le motif est traité avec une délicatesse exquise, comme dans le groupe de Myrina publié dans la *Revue archéologique*, 1886, t. II, 8. L'himation de la matrone est agrafé sur la poitrine ; une escabelle, très basse et sculptée sur le devant, est placée devant le lit, dont le support a été façonné au tour. — Tanagra.

Peinture usuelle. — Haut., 18 cent.; larg., 15 cent.

383 — Jeune fille coiffée d'un bonnet asiatique et assise sur un rocher, de face et croisant les jambes. Elle regarde un petit oiseau doré qui perche sur sa main gauche ; à la main droite, elle tient une patère godronnée, pour donner à boire à l'oiseau. Le chiton, d'une étoffe très fine, dont elle est vêtue, laisse à découvert le bras droit et les épaules ; le manteau, plié en écharpe, descend de l'épaule gauche et s'étend sur le rocher. — Tanagra.

Coloration usuelle, base plate. — Haut., 16 cent.

384 — Joueuse d'osselets. — Une jeune femme diadémée, la poitrine et le bras droit à découvert, est agenouillée de face, la tête tournée de côté, la main gauche sur le genou et tenant un sac à jouets peint en rouge. Elle abaisse la main droite pour ramasser les osselets.

Au point de vue du style, cette figurine est une des

plus belles de cette série; elle va de pair avec les conceptions de la sculpture monumentale.

Coloration usuelle, base plate. — Haut., 176 millim.

385 — Néréide sur un hippocampe ailé.— La déesse est assise de face, les jambes croisées, la tête légèrement tournée de côté. Parée de boucles d'oreilles et d'un bracelet, les cheveux frisés en boucles ondulées, elle tient à la main gauche la bride du cheval, et de la droite soulève l'himation qui enveloppe les jambes. La spallière droite du chiton, avec sa fibule, glisse le long du bras.

On connaît un groupe analogue à celui-ci, où Thétis porte le casque d'Achille, et plusieurs terres cuites ont pour sujet une Néréide assise sur un monstre marin. Il est à peu près certain que toutes ces statuettes représentaient, sous une forme mythologique, le voyage des âmes mortes aux Iles Fortunées

Ton de chair, cheveux rouges; la bride de l'hippocampe est peinte en blanc, son aile en bleu. Base plate. — Haut., 208 millim.; larg., 24 cent.

386-388 — Groupe de trois petits Érotes, trouvés à Eretria (Eubée). Là aussi, comme dans le groupe n° 371-373, l'un des enfants porte un balsamaire au bras gauche. Il est nu-tête et drapé dans un manteau court, de couleur rose tendre.

Un autre, couronné de fleurs, vêtu d'une chlamyde ouverte sur le devant et que la main droite referme sur la poitrine, tient un masque scénique, masque de comédie, représentant les traits d'un Satyre d'ancien style. Le troisième, au visage souriant, danse, la tête inclinée légèrement et les bras tendus en avant. C'est le plus jeune de tous, presque un nouveau-né, car il n'a pas encore de cheveux sur la tête. Comme finesse de travail, ce dernier est un chef-d'œuvre.

Ton de chair, cheveux rouges, ailes bleues. — Haut., 8 à 9 cent.

389 — Femme de Tanagra, assise (à droite) sur une chaise, la tête voilée et tournée de face. Son chiton, qui moule les formes du corps, laisse à découvert le sein gauche et les bras ; l'himation, peint en rose, est noué sur le devant et enveloppe les jambes de ses plissures savamment combinées et fouillées. La voilette est une étoffe carrée, indépendante de l'himation. C'est une figurine charmante. La jeune femme appuie son bras droit sur le dossier du siège, sa main gauche repose sur le genou et saisit l'himation ; sous son pied gauche, il y a une escabelle. La chaise est couverte d'un coussin bleu et frangé ; sur ses faces latérales, on voit des barres croisées et mobiles, qui permettaient de la plier, mais, par derrière, les pieds du siège sont réunis au moyen d'une barre fixe et façonnée au tour.

On peut comparer avec cette terre cuite les deux statues de marbre du Musée Torlonia, publiées dans les *Monumenti dell' Instituto,* t. XI, pl. 11-12.

Coloration usuelle, souliers rouges, base plate. — Haut., 23 cent.

390 — Enfant nu, portant au bras gauche un sac ficelé qu'il regarde en souriant. Sa jambe gauche se porte en avant, sa main droite se dissimule derrière le dos, couvert d'une chlamyde. — Eretria.

Terre pâle, traces de rose tendre. Trou de suspension. — Haut., 20 cent.

391 — *Dionysos et le taureau.* Ce groupe, un des plus grands et des plus importants qui aient été trouvés, représente Dionysos barbu, conduisant un taureau et le retenant par le licou. Le dieu porte dans ses cheveux une couronne de feuillage dorée; son chiton court, relevé et serré à la taille, laisse à découvert les bras et le pectoral gauche; son manteau est plié en écharpe, ses pieds sont chaussés d'endromides dorées, ornées chacune de deux fibules. Ses deux mains tiennent le licou, mais l'allure du taureau est si impétueuse, que le dieu a besoin de toutes ses forces pour la modérer. Il rejette le corps en arrière et s'appuie fortement sur la jambe droite. Le taureau baisse la tête, ce qui permet à un petit Éros, qui marche devant lui, de le saisir par l'une des cornes. Il est probable qu'il portait au front un bandeau de bronze. L'Éros, aux ailes dorées et redressées, la tête ceinte d'une bandelette dorée, porte un flambeau à la main droite. Sa chlamyde, comme celle de Dionysos, se déploie fouettée par le vent, et nous fait comprendre la rapidité des mouvements du groupe. Sur le second plan, un rocher.

Nous sommes fort embarrassés pour deviner le sens de cette terre cuite. L'indocilité du taureau ne peut s'expliquer que par l'idée d'un sacrifice qui se prépare ; et cependant, le flambeau de l'Éros doit être un flambeau nuptial.

Traces nombreuses de coloration et de dorure. Base oblongue, ornée de moulures. — Haut., 25 cent.; larg., 29 cent.

392 — Jeune Tanagréenne, coiffée d'un *sakkos*, parée de boucles d'oreilles et drapée dans son himation qui enveloppe le corps et les bras. Sa main droite est abaissée ; l'autre, levée à la hauteur du sein, relève et porte le poids

de la draperie. La tête se penche légèrement et se tourne vers la gauche du spectateur.

Coloration usuelle. — Base plate. — Haut., 16 cent.

393 — Éros enfant, jouant des cymbales. — Cheveux couronnés de lierre, chlamyde en écharpe, ailes déployées. — Tanagra.

Ton de chair, feuilles et draperies peintes en bleu. La cymbale de la main gauche manque. — Trou de suspension. — Haut., 14 cent.

394 — Jeune mère, étendue (à droite) sur un lit de repos et donnant le sein à son enfant, qu'elle regarde avec tendresse. Elle est parée de bijoux, vêtue d'un chiton et d'un manteau. La poitrine nue, elle s'accoude sur les deux oreillers du lit et presse la mamelle. Ses jambes sont croisées, l'une allongée sur la kliné même, l'autre pendant hors du lit, ce qui donne à l'attitude de la figurine une aisance charmante. — Tanagra.

Coloration usuelle, base plate. — Haut., 15 cent.; larg., 16 cent.

395 — Oracle d'amour. — Jeune fille agenouillée et jouant aux osselets. Sa tête se penche vers le sol, et sa main droite s'abaisse pour ramasser les osselets tombés, dont l'un adhère encore à la base de la figurine. Elle a les bras et le sein droit nus ; ses cheveux bouclés descendent jusqu'à la nuque, ses oreilles sont parées de breloques, son bras gauche repose sur la jambe. C'est une nouvelle variante de ce sujet célèbre que nous rencontrons ici. Comme les autres, il vient de Tanagra.

Coloration usuelle, base plate. — Haut., 18 cent.

396 — Jeune fille assise (à droite) sur un rocher et tenant un

éventail à la main. Elle porte le costume habituel des femmes de Béotie : chiton, himation, souliers rouges; mais le chiton glisse de l'épaule et laisse à découvert l'une des mamelles. La tête, parée de feuilles et de fruits, se tourne de face, le bras gauche repose sur la jambe, et la main qui tient l'éventail s'appuie sur le rocher. L'éventail est décoré d'une palmette gravée au trait. — Tanagra.

Coloration usuelle; chiton bleu, manteau rose, éventail bordé de rouge, touches rouges dans les creux de la palmette. Base plate. — Haut., 18 cent.

397 — Acteur comique, tenant de ses deux mains un coq noir. Il semble marcher vers la gauche, la tête inclinée. Son costume se compose d'un somation, qui laisse les jambes nues, et d'un manteau plié en écharpe autour des reins. — Tanagra.

Le masque de l'acteur, la crête et les jambes du coq sont peints en rouge. Base échancrée sur le devant. — Haut., 14 cent.

398 — Éros melléphèbe nu et agenouillé de face. Le geste de ses bras fait supposer qu'il tenait une guirlande, comme font les Érotes des vases dorés de l'Attique.

Trouvé à Anthédon (Béotie), avec le n° suivant et l'aryballe n° 96.

Terre pâle. — Haut., 108 millim.

399 — Éros melléphèbe, planant dans l'air et tenant à chaque main une quenouille. Il porte son manteau en écharpe, et ses cheveux forment comme un bonnet conique. — Anthédon.

Terre pâle. — Haut., 17 cent.

400 — Jeune fille assise (à gauche) sur un rocher et mettant

un fruit ou un grain d'encens dans une patère. Elle est coiffée d'une sphendoné blanche, agrafée sur le devant, et vêtue d'un chiton blanc qui glisse de l'épaule droite, tandis qu'un himation rose se déploie sur ses genoux. Son buste et sa tête se tournent de face, et son bras gauche s'accoude sur le rocher. Le visage est jeune, presque d'une enfant, et le mouvement est très gracieux. — Tanagra.

Coloration usuelle, base plate. — Haut., 15 cent.

401 — Éros enfant, jouant des cymbales. Il plane dans l'air, la jambe droite portée en avant, la tête coiffée d'une couronne de fleurs bleues et un peu inclinée sur l'épaule gauche. Sa chlamyde bleue, pliée en écharpe, est nouée autour des reins. — Tanagra.

Ton de chair, cheveux rouges. — Haut., 135 millim.

402 — Jeune fille debout (à gauche), tenant un sac à jouets et posant son pied droit sur une hydrie. Une couronne de feuilles et de fruits, à lemnisques bleus, des boucles d'oreilles et une armille forment sa parure ; son costume est celui des femmes de Tanagra. Le bras droit appuyé sur le genou, l'autre allongé, elle penche le buste en avant et le tourne de face, le regard fixé sur le sol. Cette pose et ce geste indiquent qu'elle joue aux osselets et qu'elle suit avec attention les surprises du jeu. L'hydrie est un vase funéraire; il existe un groupe en terre cuite qui représente sept joueuses d'osselets réunies près d'une stèle sépulcrale. Sur la grande route, et près des tombeaux, les jeunes filles consultaient l'oracle, en mettant leurs amours sous la protection d'une personne aimée, qui avait accès auprès des dieux.

L'hydrie a quatre anses, dont deux surélevées. — Tanagra.

Ton de chair, etc., base plate. — Haut., 22 cent.

403 — Éros enfant, encapuchonné dans une chlamyde rose, dansant et jouant des crotales. — Eretria.

Traces de couleurs. — Haut., 13 cent.

404 — Éros enfant, drapé dans sa chlamyde et tenant à la main gauche une couronne de fleurs. Il a la tête penchée, le bras droit sur la hanche. — Eretria.

Traces de couleurs. — Haut., 12 cent.

405 — Jeune fille tenant un éventail à la main gauche abaissée. Sa tête se penche légèrement, comme si elle avait des idées tristes, ses cheveux sont frisés en bandeaux ; l'himation, qui enserre le corps étroitement et en dessine les contours, ne laisse à découvert que le haut du bras droit, appuyé sur les hanches. Ce vêtement est d'une étoffe rose tendre et bordé d'une large bande bleue. Les souliers sont peints en jaune. — Tanagra.

Ton de chair, les yeux et les lèvres coloriés avec soin, les cheveux rouges. — Base plate, le dessus peint en bleu. — Haut., 21 cent.

406 — Acteur comique, vêtu du somation et d'une chlamyde qui semble faire office de voile, et sous laquelle il dissimule ses bras. — Tanagra.

Coloration usuelle. — Haut., 10 cent.

407 — Panisque jouant de la flûte. Debout et de face, les jambes assemblées, il porte sa chlamyde sur les épaules. — Tanagra.

Traces de couleurs, base plate. — Haut., 10 cent.

408 — Jeune fille de Tanagra, assise sur un rocher et tenant une pomme rouge à la main. Elle porte des boucles d'oreilles, une sphendoné bleue à fibule jaune, le chiton

et l'himation, qui ne laissent à découvert que l'avant-bras droit.

Coloration usuelle, base plate. — Haut., 14 cent.

409 — Jeune fille de Tanagra, assise sur un rocher, le buste de face, la tête un peu inclinée et tournée vers la droite du spectateur; son bras gauche s'accoude sur le siège.

Coloration usuelle, base plate. — Haut., 16 cent.

410 — Vieille femme drapée, se promenant avec un nourrisson dans ses bras. — Elle est vêtue d'un chiton rose à manches courtes, serré à la taille. L'enfant lève le bras droit pour la caresser. — Tanagra.

Traces de coloration. — Haut., 108 millim.

411 — Jeune fille en conversation avec une marchande de fruits. Ce groupe, dont le sujet est unique, représente une jeune fille qui veut acheter des fruits. Elle s'arrête devant un panier, rempli de pommes et de grappes de raisin, et, pour mieux l'examiner, elle met un genou en terre. Son bras gauche s'appuie sur la hanche et soulève l'un des bouts de l'himation; mais le geste de sa main droite, tendue en avant, indique qu'elle parle à la marchande, assise à terre, derrière le panier. Celle-ci a les cheveux épars, le bras droit abaissé, le haut de la poitrine nu; l'himation ne couvre que les jambes et le bras gauche qui s'appuie sur le sol. — Hermione?

Traces de coloration partout, base plate. — Haut., 16 cent.; long., 26 cent.

412 — Jeune Tanagréenne, arrêtée dans sa marche, les mains dissimulées sous le manteau. Elle est parée de boucles d'oreilles; son chiton était peint en rose, l'himation en bleu; ses cheveux sont frisés en larges bandeaux parallèles

et noués en chignon. La jambe gauche supporte le poids du corps.

Ton de chair, cheveux rouges. Base plate. — Haut., 256 millim.

413 — Taureau de sacrifice, paré d'un large bandeau dorsal. — Béotie.

Terre pâle, traces de coloration. — Haut., 10 cent.

III

ASIE-MINEURE

414 — Combattant grec nu et debout, la jambe droite en avant; son bras droit levé était probablement armé d'un javelot, son bras gauche est abaissé.

Cette terre cuite a une grande importance pour l'histoire de l'art, car elle reproduit une statue de marbre du musée de Naples, celle d'Harmodios, l'un des meurtriers du fils de Pisistrate, et la même figure se voit sur une monnaie d'Athènes (Imhoof-Blumer et Percy Gardner, *Numismatic Commentary on Pausanias*, p. 148, pl. DD, 16), avec cette variante qu'Harmodios y est armé d'une épée. On sait que le groupe des meurtriers était l'ouvrage de deux artistes célèbres, Kritios et Nesiotes. La raideur des sculptures archaïques, antérieures à Phidias, est restée visible dans la terre cuite; la pose et les mouvements rappellent l'ancien style, mais le modelé est déjà parfait, et l'ensemble est d'une incomparable puissance de facture et de style.

Les parties sexuelles sont remplacées par un bec de lampe, détail dont on connaît plusieurs exemples; au revers, on a fixé un anneau de suspension et percé un trou pour verser l'huile.

Trouvé à Tarse (à Smyrne plutôt), et publié au *Catalogue H. Hoffmann* (Paris, 1886), pl. VIII. — Base plate et ornée de moulures. — Haut., 26 cent.

415 — Niké, debout et drapée dans un peplos bleu à large

bordure d'or, qui retombe jusqu'aux pieds et laisse à découvert les bras et le sein droit. Elle s'avance fièrement, d'un pas rapide, la jambe gauche fléchie ; sa main droite abaissée tient une couronne de fleurs dorée, l'autre se lève et porte un bouquet de roses. Ce dernier attribut n'est pas un des symboles ordinaires de Niké ; il ne fait pas allusion à une victoire remportée sur quelque champ de bataille; c'est un hommage rendu à la beauté de quelque jeune fille.

La déesse porte des boucles d'oreilles et, dans les cheveux, une couronne de feuilles et de fleurs, dont les lemnisques descendent sur les épaules. Sa tête se rejette en arrière, ses ailes sont abaissées, ses pieds nus. Les plis nombreux que la rapidité de sa course imprime à la draperie sont modelés avec un goût exquis. Il n'y a pas de divinité dans l'art antique, qui ait été représentée plus souvent et plus longtemps que Niké, mais celle-ci est une des plus belles figurines de la déesse ; son style, sa coloration et ses dorures en font un morceau de première importance.

Publiée par M. Frœhner, *Terres cuites d'Asie*, pl. XIX, et au *Catalogue Al. Castellani* (vente de Rome, 1884), pl. XV.

Base demi-circulaire, ornée de moulures. — Ton de chair, cheveux rouges, les yeux coloriés, ailes bleu et or, le bouquet doré. — Haut., 205 millim.

416 — Jeune fille, versant du vin dans un trépied. — C'est une des plus ravissantes figurines en terre cuite que l'on connaisse. La jeune fille est parée d'un bandeau d'or à lemnisques, et coiffée d'un morceau d'étoffe triangulaire, de couleur bleue, fixé sous le bandeau et se rabattant sur la tête. Ses boucles d'oreilles sont dorées également, de

même que ses bracelets. Le chiton, rose tendre, dessine superbement les formes du corps. Il ne laisse à découvert que les pieds, les mains, le bras droit et l'un des seins. Debout et de face, la tête un peu tournée de côté, la jeune fille s'appuie contre un cippe, devant lequel est placé un trépied avec son bassin. A la main gauche, elle tient une œnochoé et en verse le contenu dans le trépied; l'autre main prend le bassin par les bords; le pied gauche repose sur la base du trépied. On a voulu voir, dans cette jeune fille, la Nymphe d'une fontaine; il est bien plus poétique de songer à une scène de la vie privée.

Le trépied, peint en bleu, aux montants contournés, ornés de palmettes, terminés en pieds de chevreuil et reliés entre eux par des rinceaux, a exactement la forme des trépieds de bronze qui sont dans nos musées. L'œnochoé aussi, avec son goulot tréflé, n'est que la reproduction d'un vase de bronze d'ancien style. Sur la base du cippe, on remarque une boule dorée, probablement un jouet.

Publiée par M. Frœhner, *Terres cuites d'Asie,* pl. X.— *Bullettino dell' Inst.*, 1879, p. 10. — *Catalogue Al. Castellani* (vente de Rome, 1884), n° 665.

Ton de chair, cheveux rouges, l'œnochoé peinte en bleu. Base demi-circulaire, ornée de moulures, comme celle du numéro précédent. — Haut., 16 cent.

417 — Terme (*hermidion*) d'un personnage du ve siècle, barbu et coiffé d'un bonnet. Le visage, qui est d'une grande noblesse et d'une rare beauté, offre quelque ressemblance avec le portrait qu'on prenait autrefois pour celui de Platon; mais cela n'exclut pas la possibilité qu'il s'agisse simplement d'une idole d'Hermès, de style sévère. Le même terme figure dans un groupe en terre

cuite, provenant de Cymé et publié dans la *Gazette archéologique*, 1879, pl. 25. Nous aurions peut-être le mot de l'énigme, si l'inscription grecque, gravée sur le pilastre, en quatre lignes et en lettres cursives, pouvait être déchiffrée. Le bonnet, ou plutôt la calotte, autrefois dorée, du personnage a une forme singulière; elle est munie d'un rebord et divisée en deux quarts de sphère au moyen d'une bande transversale.

Trouvé à Tarse (à Smyrne, sans doute) et publié par M. Frœhner, *Terres cuites d'Asie Mineure*, pl. I.

Haut., 30 cent.

418 — Aphrodite de Myrina. — La déesse est debout, sans draperie, le bras droit allongé, la main gauche levée, la jambe droite fléchie. Elle porte un diadème ciselé. Le corps est modelé avec le plus grand art et rappelle immédiatement le torse, en terre cuite, de la Vénus de Tarse, qui est un des joyaux du Louvre (Frœhner, *Musées de France*, pl. 30).

Terre pâle. L'avant-bras droit manque. — Haut., 30 cent.

419 — Éros accoudé sur un cippe. — L'Éros est un bel adolescent, aux formes sveltes et finement modelées. Il a les jambes croisées, la main droite derrière le dos; ses ailes, prêtes au vol, animent toute la figurine. Ses cheveux sont bouclés et descendent en liberté sur les épaules, mais une natte, tressée comme talisman contre le mauvais œil, s'avance jusqu'au milieu du front. Le dieu incline la tête et la tourne légèrement de côté; sa main gauche tenait une flèche de bronze (malheureusement perdue). La chlamyde, dont on distingue la fibule sur l'épaule droite, ne couvre qu'une partie de la poitrine et se replie en écharpe sur le dos, où la main droite la saisit. Le cippe,

très élevé, car il monte jusqu'à l'aisselle, doit être un cippe palestrique, et rien ne nous interdit de prendre cet Éros pour le dieu de la palestre. Il est de la famille de ceux qu'on rattache, avec vraisemblance, à l'art de Praxitèle.

Figurine entièrement dorée, trouvée à Smyrne et publiée par M. Frœhner, *Terres cuites d'Asie*, pl. XXIX.

Base à deux degrés. — Haut., 22 cent.

420 — Tête de lion (à gauche), la gueule ouverte. — Applique.

Cette belle terre cuite, en relief de forte saillie, n'a pas été faite au moyen d'un moule, mais à la main et au *stecco*. Elle rappelle la tête de lion qui figure sur les monnaies de Cnide. — Trouvée à Smyrne.

Haut., 8 cent.

421 — Silène vieux, la chlamyde nouée autour des reins en guise de ceinture. Il a le front chauve, la barbe frisée en longues mèches qui retombent jusqu'au bas de la poitrine. Cette figurine, modelée avec un art qui rappelle les sculptures grecques du ve siècle, porte de nombreuses traces de coloration ; la bouche est peinte en rouge, la draperie en bleu. — Chypre. — *Catalogue Gréau*, n° 487.

Terre pâle, les pieds et les bras brisés. — Haut., 12 cent.

422 à 427 — Six grotesques trouvés à Smyrne.

1) Guerrier, en chiton court et en cuirasse. Il porte une femme sur son épaule gauche. Debout et de face, la jambe gauche sur une élévation, il pose son bras droit sur la hanche. La femme, drapée dans un long chiton, appuie sa main droite sur l'épaule du guerrier, le bras gauche allongé pour se tenir en équilibre. Ce sujet semble

être une caricature d'Énée sauvant de l'incendie de Troie son père Anchise.

Haut., 186 millim.

2) Grotesque nu, portant une outre sur l'épaule gauche. Il fléchit les genoux, la main droite derrière la tête, la bouche ouverte, comme s'il se plaignait d'un mal de tête.

Haut., 75 millim.

3) Discobole nu, ceint d'un perizoma. Il est sur le point de lancer le disque qu'il tient à la main droite. Son buste se penche en avant, en même temps que sa jambe droite et son bras gauche se replient en arrière.

Haut., 10 cent.

4) Discobole nu, aux traits satyresques. Il pose le genou droit en terre, tourne vivement la tête de côté et appuie sa main gauche sur le genou. Le bras droit, qui tient un disque, s'étend horizontalement et se porte en arrière.

Haut., 42 millim.

5) Palestrite affaissé sur un disque bombé. Il s'est fait mal en tombant, car il renverse la tête en arrière et semble pousser des cris de douleur. Son flanc gauche est couvert d'une chlamyde.

Haut., 45 millim.

6) Esclave chauve et imberbe, vêtu de l'exomis, le corps plié et les bras abaissés, comme pour relever la figurine précédente.

Haut., 5 cent.

Ces six petits chefs-d'œuvre d'esprit et de verve artistique sont modelés avec une patience extrême. Les corps, d'une maigreur outrée, sont de véritables études d'anatomie; les têtes sont chauves, déformées, avec de grosses lèvres et des oreilles énormes. On a trouvé à

Smyrne toute une série de caricatures de même facture; celles-ci sont les plus petites et les plus spirituellement pensées. L'artiste persiflait à la fois les grandes scènes de la légende héroïque, les jeux de la palestre, et les marchands qui parcouraient les rues de Smyrne.

Terre pâle. — Bases plates.

428 — Psyché à quatre ailes de papillon. — La jeune fille est debout, les mains liées derrière le dos, la jambe gauche en arrière, la tête ceinte d'un bandeau doré et tournée de côté avec une expression de tristesse ou de souffrance. Ses ailes, redressées et découpées, sont polychromes (blanc, noir, jaune et rose), et chaque aile est ornée d'un œil comme les ailes des phalènes. Les cheveux retombent en boucles sur l'épaule gauche. Le chiton, peint en bleu, laisse les bras nus; la spallière droite a glissé de l'épaule. L'himation, qui porte des traces de coloration rouge, est noué autour des reins. — Myrina.

Une autre Psyché à ailes doubles, assise celle-là, a été publiée par MM. Pottier et Reinach, *Nécropole de Myrina*, pl. 24.

Haut., 22 cent.

429 — Femme nue et couronnée de feuilles dorées. Debout sur la jambe gauche, elle soulève sa jambe droite et abaisse sa main gauche, comme pour délier sa sandale. En même temps, elle allonge le bras droit pour ne pas perdre son équilibre. Les sandales sont peintes en rouge foncé. — Très beau style. — Myrina.

Terre pâle engobée. — Haut., 26 cent.

430 — Aphrodite assise à droite sur un rocher. La déesse a le buste, les bras et les pieds nus; sa tête, ceinte d'une bandelette, se tourne légèrement; son bras gauche s'ap-

puie sur le rocher, pendant que l'autre se replie et se porte en avant. Lorsqu'elle pêche à la ligne, Aphrodite est parfois assise sur un rocher au bord de la mer, et son bras droit fait le même geste. — Myrina.

Terre pâle. — Haut., 23 cent.

431 — Acteur dans le rôle de Papposilène. Son costume se compose d'un chiton à manches longues et d'anaxyrides en fourrure, puis d'un manteau noué autour de la ceinture et s'arrêtant aux genoux. Son masque est chauve, aux sourcils énormes, au nez épaté et à la barbe taillée en carré. Il marche péniblement, comme font les vieillards, nu-pieds et le dos voûté; sa main droite avancée a dû s'appuyer sur un bâton. — Myrina.

Traces de couleur rose tendre sur la chlamyde. — Haut., 15 cent.

432 — Déesse drapée, tenant à sa main gauche avancée une pomme d'or. Le visage, très beau, est encadré de longs cheveux bouclés, les oreilles sont parées de pendeloques dorées; un polos doré s'élève sur la tête, derrière une épaisse couronne de lierre et de corymbes. Ces attributs, la pomme, le polos et même le lierre, semblent désigner la fille de Demeter, mais conviennent aussi bien à la Tyché de quelque ville d'Asie Mineure. Le chiton est peint en bleu, l'himation, ajusté avec beaucoup d'art, descend jusqu'aux genoux et recouvre le bras droit qui repose sur la hanche ; seul, l'avant-bras droit est nu. — Tralles ?

Ton de chair ; traces de couleur sur le manteau. Base ovale. — Haut., 255 millim.

433 — Silène cestiaire. — Il est assis de face, les bras avancés symétriquement et revêtus de manches en lanières de

cuir. Ces manches vont jusqu'aux poignets et se prolongent au moyen d'un cordonnet qui relie ensemble trois doigts de chaque main : l'index, le doigt du milieu et l'annulaire. Le pouce et le petit doigt se rabattent sur un instrument, en forme de fer à cheval, qui est attaché à la paume, et qui devait rendre plus sensibles les coups portés à l'adversaire. — Smyrne.

Terre rouge. — Haut., 20 cent.

434 — Asklepios, debout sur une base circulaire. Le dieu se présente de face, vêtu d'un manteau qui laisse à découvert la poitrine et le bras droit pendant. Son bras gauche, dissimulé sous la draperie, s'appuie sur la hanche; sa main droite tient un bâton, autour duquel s'enroule un serpent. Cette terre cuite, d'un grand style et d'un beau modelé, a servi de poinçon pour faire des moules en creux. Les cinq bossettes qui l'entourent sont des points de repère. — Smyrne.

Haut., 16 cent.

435 — Esclave dans l'attitude de la marche, le bras droit sur la hanche, la main gauche levée et retenant la chlamyde. Il a la tête chauve, le front ridé et des oreilles à grands pavillons. Son type rappelle les grotesques décrits sous les n°s 422-427 et appartient à une nationalité que nous serions curieux de connaître. La draperie ne recouvre, sur le devant, que le haut de la jambe droite et se replie sous l'aisselle gauche. Toute la figurine est d'une précision de modelé étonnante et accuse une sûreté de main qu'on ne retrouve pas souvent au même degré. — Smyrne.

Ton de chair. Le pied droit et une partie de la main droite manquent. — Haut., 15 cent.

436 — Sphinx femelle accroupi, la tête diadémée, les cheveux bouclés, les ailes redressées. Imitation de l'ancien style. — Chypre.

Terre pâle avec traces d'engobe. — Haut., 7 cent.

437 — Grande figurine d'Éros, le buste drapé dans une chlamyde qui fait office de capuchon et que les deux mains retiennent au bas de la poitrine. Il est représenté planant dans l'air, les ailes redressées, la jambe droite portée en avant, le visage souriant. L'absence d'une base, et un trou pratiqué au revers de la figurine, prouvent qu'elle était destinée à être suspendue. — Myrina.

Terre pâle; traces de couleur rose tendre sur les ailes. — Haut., 29 cent.

438 — Grotesque coiffé d'un chapeau et portant une outre au bras gauche. Il s'avance péniblement, la main droite appuyée sur un bâton, les genoux fléchissant sous le poids de l'outre. Son costume se compose d'un manteau jeté sur l'épaule gauche et d'un chiton court, serré à la ceinture et muni de manches courtes. — Myrina.

Traces de coloration. — Haut., 21 cent.

439 — Éros adolescent, planant dans l'air, les ailes déployées, la tête un peu penchée sur l'épaule, la jambe gauche portée en avant. On s'explique difficilement le geste de ses bras, qui ressemble à celui d'un tireur d'arc, à cette différence que les mains sont ouvertes. Les cheveux retombent en grosses boucles sur la nuque du cou, et une double natte part du sommet de la tête pour aboutir au front. Beau style. — Myrina.

Terre pâle engobée, traces de peinture. — Haut., 24 cent.

IV

ÉGYPTE

440 — L'enfant Horus, symbolisant le soleil levant, est assis sur une base élevée, ornée de dessins linéaires au trait. Vêtu d'un long chiton, il a la tête rase, une tresse de cheveux à la tempe droite. Sa main droite se rapproche de la bouche, geste que les Romains ont pris pour le geste du silence; son bras gauche tient une urne. Un graffite copte, tracé au revers de la figurine, donne probablement le nom de l'artiste.

Publié au *Catalogue H. Hoffmann* (Paris, 1886), p. 35. Terre brune de la Basse-Égypte. — Haut., 13 cent.

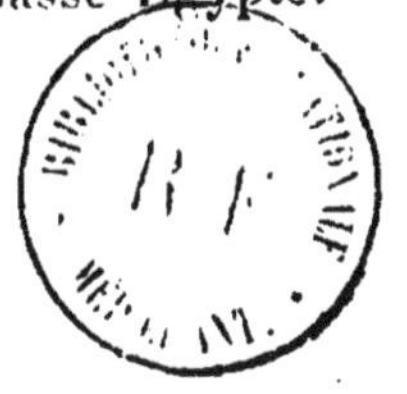

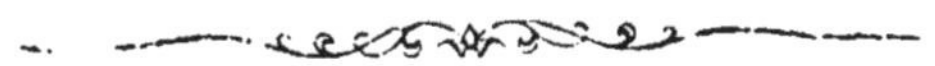

PARIS. — IMPRIMERIE DE L'ART
E. MÉNARD ET Cie, 41, RUE DE LA VICTOIRE

www.ingramcontent.com/pod-product-compliance
Ingram Content Group UK Ltd.
Pitfield, Milton Keynes, MK11 3LW, UK
UKHW020555180726
13838UKWH00001B/255